Todos juntos

AUTORES DEL PROGRAMA

Dra. Candy Dawson Boyd
St. Mary's College
Moraga, California

Dra. Geneva Gay
University of Washington
Seattle, Washington

Rita Geiger
Norman Public Schools
Norman, Oklahoma

Dr. James B. Kracht
Texas A&M University
College Station, Texas

Dra. Valerie Ooka Pang
San Diego State University
San Diego, California

Dr. C. Frederick Risinger
Indiana University
Bloomington, Indiana

Sara Miranda Sanchez
Albuquerque Public Schools
Albuquerque, Nuevo México

ASESORES

Dr. Roberto Calderón
University of North Texas
Denton, Texas

Dra. Eva Midobuche
Arizona State University
Tempe, Arizona

Dr. Aníbal Yáñez Chávez
California State University
San Marcos
San Marcos, California

COLABORADORES

Dra. Carol Berkin
The City University of New York
Nueva York, Nueva York

Lee A. Chase
Chesterfield County Public Schools
Chesterfield County, Virginia

Dr. Jim Cummins
University of Toronto
Toronto, Canadá

Dr. Allen D. Glenn
University of Washington
Seattle, Washington

Dra. Carole L. Hahn
Emory University
Atlanta, Georgia

Dra. M. Gail Hickey
Indiana University-Purdue
University
Fort Wayne, Indiana

Dra. Bonnie Meszaros
University of Delaware
Newark, Delaware

Oficinas editoriales: Glenview, Illinois • Parsippany, Nueva Jersey
• Nueva York, Nueva York
Oficinas de ventas: Parsippany, Nueva Jersey • Duluth, Georgia
• Glenview, Illinois • Coppell, Texas • Ontario, California

www.estudiossocialessf.com

Asesores de contenido

Catherine Deans-Barrett
Especialista en historia del mundo
Northbrook, Illinois

Dr. Michael Frassetto
Académico independiente
Chicago, Illinois

Dr. Gerald Greenfield
University of Wisconsin, Parkside
Kenosha, Wisconsin

Dr. Frederick Hoxie
University of Illinois
Champaign, Illinois

Dra. Cheryl Johnson-Odim
Columbia College
Chicago, Illinois

Dr. Michael Khodarkovsky
University of Chicago
Chicago, Illinois

Robert Moffet
Especialista en historia de los
  Estados Unidos
Northbrook, Illinois

Dr. Ralph Nichols
University of Chicago
Chicago, Illinois

Asesora bilingüe

Irma Gómez-Torres
Austin Independent School District
Austin, Texas

Revisores

San Juanita Arcaute Bermea
Geraldine Palmer Elementary School
Pharr, Texas

Delia Carrillo
Sanborn Elementary School
Amarillo, Texas

Margarita Casero
Miami-Dade County Public Schools
Miami, Florida

Hortencia Chaparro
Red Sands Elementary School
El Paso, Texas

Karla Marie Garza
José de Escandón Elementary School
La Joya, Texas

Yesenia Garza
Reed-Mock Elementary School
San Juan, Texas

Liz Morales Quintela
Pease Elementary School
Odessa, Texas

María D. Morán
Ed White Elementary School
Houston, Texas

Carlos J. Osorio
West Chicago Middle School # 33
West Chicago, Illinois

Marina Ruiz Sattler
Glenoaks Elementary School
San Antonio, Texas

Hilda Rivera
Aurora East Schools District 131
Aurora, Illinois

Luis A. Rivera
Aurora East Schools District 131
Aurora, Illinois

Lisette Samalot-Martínez
Springfield Public Schools
Springfield, Massachusetts

María Luisa Vara
Arminta St. Elementary School
N. Hollywood, California

Juan Carlos Vargas
Carroll Academy
Houston, Texas

Irma Zúñiga
José de Escandón Elementary School
La Joya, Texas

ISBNs: 0-328-02067-2
    0-328-01920-8

Contenido

Manual de estudios sociales

Unidad 1

De regreso a la escuela

¡Me llamo Andrew!

Unidad 4

Nuestra Tierra y sus recursos

¡Me llamo Debby!

Unidad 5

Éste es nuestro país

¡Me llamo James!

Unidad 6

Nuestro país, nuestro mundo

¡Me llamo Kay!

Sección de referencia

Leamos juntos

Biografía

Biografías

Mapas

Destrezas

Lectura de estudios sociales

Mapas y globos terráqueos

Tablas y gráficas

Destrezas de razonamiento

Ayer y hoy

Aquí y allá

Héroes cívicos

Vamos a descubrir

Muchas personas viven y trabajan en las comunidades. Algunas personas trabajan para mantenernos fuera de peligro. Los bomberos, por ejemplo, apagan los incendios. ¿Qué otras personas de tu comunidad trabajan para mantenerte fuera de peligro?

¡Descubre en estas páginas más cosas acerca de las personas que te rodean!

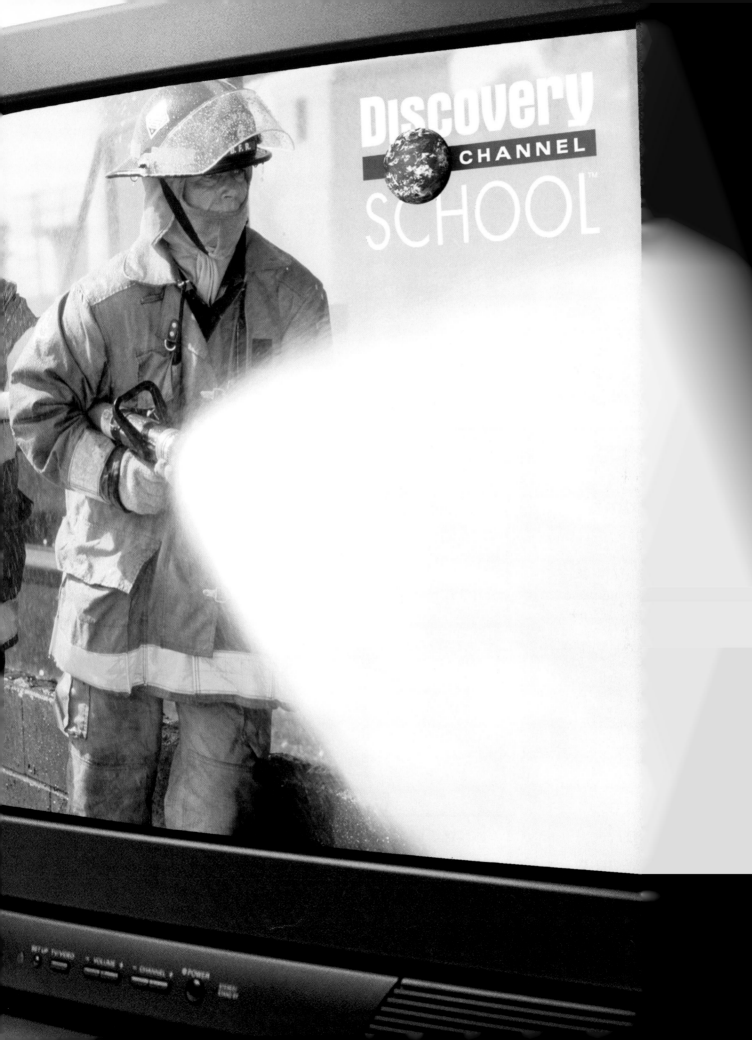

Destrezas de valores cívicos

Hay muchas maneras de demostrar que tienes valores cívicos. En este libro, vas a conocer personas que demuestran sus valores cívicos ante su comunidad, su estado y su país.

Respeto es tratar a los demás como te gustaría que te trataran.

Bondad es pensar en lo que sienten los demás y hacer algo bueno por ellos.

Responsabilidad es hacer las cosas que debes hacer.

Justicia es esperar tu turno y seguir las reglas.

Honestidad es decir la verdad.

Valentía es hacer lo correcto aunque sea difícil.

★ Los valores cívicos en acción ★

Los valores cívicos nos enseñan a tomar buenas decisiones y a solucionar problemas. Estos niños practican los valores cívicos. Mira los pasos que siguen.

Solucionar problemas

Hay desorden en el centro de arte. ¿Qué hacer?
1. Decir cuál es el problema.
2. Obtener más información sobre el problema.
3. Hacer una lista de soluciones al problema.
4. Hablar sobre la mejor solución.
5. Solucionar el problema.
6. ¿Qué tan bien se solucionó el problema?

Tomar decisiones

Los padres de familia van a venir hoy a la escuela. Los niños quieren hacerles un cartel de bienvenida.
1. Decir qué decisión hay que tomar.
2. Reunir información.
3. Hacer una lista de las opciones.
4. Decir qué pasaría con cada opción.
5. Tomar una decisión.

El lema de Texas es "Amistad".

La canción de Texas es "Texas, our Texas".

Austin es la capital de Texas.

Texas, Our Texas
by William J. Marsh and Gladys Yoakum Wright

Texas, our Texas! All hail the mighty state!

Texas, our Texas! So wonderful, so great!

Boldest and grandest, Withstanding ev'ry test;

O Empire wide and glorious, You stand supremely blest.

Refrain

God bless you, Texas! And keep you brave and strong,

That you may grow in pow'r and worth,

Throughout the ages long.

God bless you, Texas! And keep you brave and strong,

That you may grow in pow'r and worth,

Throughout the ages long.

El lupino es la flor del estado de Texas.

por William J. Marsh y Gladys Yoakum Wright

¡Texas, nuestro Texas! ¡Todos aclaman al estado
    poderoso!
¡Texas, nuestro Texas! ¡Tan grande,
    tan maravilloso!
Audaz y magna estrella, vence todo desafío;
Oh, imperio grandioso que te alzas bendecido.

[Estribillo]
¡Que Dios te bendiga, Texas! Que te haga valeroso
    y fuerte,
que crezcan tu poder y tu valía, y que perduren
    para siempre.
¡Que Dios te bendiga, Texas! Que te haga valeroso
    y fuerte,
que crezcan tu poder y tu valía, y que perduren
    para siempre.

Juramento a la bandera de Texas

Honro a la bandera de Texas.
Te juro lealtad, Texas, uno e indivisible.

El nogal es el árbol del estado de Texas.

El sinsonte es el ave del estado de Texas.

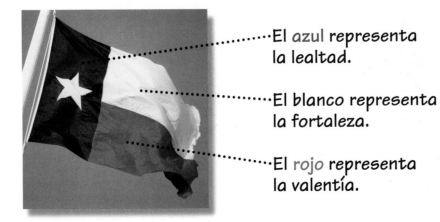

El azul representa la lealtad.

El blanco representa la fortaleza.

El rojo representa la valentía.

Cinco aspectos para tomar en cuenta

La geografía es el estudio de la Tierra. Este estudio se hace de cinco maneras. Estas maneras son conocidas como los cinco temas de la geografía. Cada tema describe de una manera diferente un mismo lugar. Mira los siguientes ejemplos acerca de esta escuela.

Ubicación

200 Calle Austin

La escuela está ubicada en el 200 de la calle Austin.

Lugar

Cerca de la escuela hay árboles, pasto y otras plantas.

Movimiento

Algunos niños llegan a la escuela caminando. Otros llegan en autobús o en carro.

Los lugares y las personas se cambian unos a otros

Aquí pusieron columpios y un resbaladero. Ahora los niños juegan aquí.

Región

Esta escuela se encuentra en una parte de los Estados Unidos donde hace mucho calor durante el verano.

De la Tierra a un globo terráqueo

Ésta es una foto de nuestro planeta. Se tomó desde el espacio. La Tierra se ve redonda como una pelota.

Las partes lisas de color azul son agua. Las partes de color verde son tierra. Es muy emocionante ver la Tierra así.

En este momento estás en algún lugar, allá donde se ve tierra.

¡Puedes sostener un globo terráqueo en tus manos!

Este globo terráqueo parece una foto de la Tierra. Un globo terráqueo es un modelo redondo de la Tierra. Puedes ponerlo sobre una mesa. Puedes hacerlo girar para ver todo lo que representa. Puedes estudiarlo en la clase.

Un modelo es una copia pequeña de algo.

De la foto al mapa

Tal vez no te interese estudiar toda la Tierra.
Tal vez sólo quieras mirar el área donde vives.
Tu área podría parecerse a ésta.

¡Podrías ver las calles, los parques y los edificios desde arriba!

Hay otra manera de mirar la misma área. Podrías mirar un mapa. Un mapa es un dibujo de un área, tal como se ve desde arriba. Un mapa de esa misma parte del pueblo se vería así:

¿En qué se parecen el mapa y la foto? ¿En qué se diferencian?

Usar los puntos cardinales

En un mapa puedes ver dónde están ubicadas las cosas. Lo que buscas puede estar cerca o lejos; o puede estar detrás o entre otras cosas. Mira este mapa de un zoológico.

¿Qué animal está cerca de las serpientes?

¿Cuál animal está entre los leones y los elefantes?
¿Cuál animal está más lejos de los monos?

De regreso a la escuela

¿Por qué vamos a la escuela?

¿Qué hay en la escuela?

por Esperanza Guido

 Con la música de
"Los pollitos"

¿Qué hay en la escuela?
¡Libros, libros, libros!
Música y arte,
maestros y amigos.

3

Vocabulario ilustrado

escuela

grupo

bandera

Escuela
de
Música

School

país

regla

5

Andrew va a la escuela

Destreza clave

Usar claves de ilustraciones

¡Hola! Me llamo Andrew. Estoy en primer grado. En las fotos puedes ver qué hago en la escuela. La **escuela** es el lugar donde aprendo. Mira las fotos. Luego cuenta todo lo que hago.

Con las ilustraciones puedes aprender mucho. Las ilustraciones te ayudan a saber qué dicen las palabras. ¿Dónde almuerzo? ¿Cómo se llama el lugar donde me prestan libros?

Cafetería

Biblioteca

Inténtalo

Haz un libro ilustrado que muestre lo que haces cada día. Dale el libro a un compañero. Pídele que use las claves de tus ilustraciones para contar lo que haces.

Conozcamos a Andrew

¡Tengo mucho que contarte! Mira mis ilustraciones y me conocerás. A muchos de mis amigos les gustan las mismas cosas.

Cosas que me gustan

Pertenezco a muchos grupos. Un **grupo** es un conjunto de personas, animales o cosas. Se pueden hacer muchas cosas en grupo. Mírame en las fotos con diferentes grupos.

Mi equipo

Mi familia

¿Qué aprendiste?

1. Nombra tres cosas que le gustan a Andrew.

2. Mira las fotos de los grupos. ¿Qué puedes decir de cada grupo?

3. **Piensa y comenta** Nombra otros grupos. Di quiénes forman parte de cada grupo.

Conozcamos a Carl Stotz

1910–1992

Fundador de
Little League®

Carl Stotz fundó una liga de
beisbol para niños, con el fin de
que ellos también pudieran jugar.

Carl jugaba beisbol cuando era niño, pero los juegos no eran divertidos. El campo de beisbol era enorme y los bates muy pesados. Las reglas no se cumplían. Carl quería que los niños se divirtieran jugando beisbol.

Años después, Carl Stotz construyó un campo de beisbol para niños. Se parecía al de los adultos, pero era menos grande. Hizo los bates más pequeños y livianos. Creó reglas para la Little League. Hoy, muchos niños alrededor del mundo se divierten jugando en la Little League.

El primer juego de la Little League se llevó a cabo en Williamsport, Pennsylvania.

Carl Stotz con uno de los primeros equipos de la Little League.

Piensa y comenta

¿Cómo logró Carl Stotz que el beisbol fuera un juego divertido para los niños?

Para más información, visita *Personajes de la historia* en **www.estudiossocialessf.com**.

El beisbol

Hemos disfrutado del beisbol por muchos años. A algunas personas les gusta jugar beisbol y a otras les gusta verlo jugar. Estas fotos muestran artículos relacionados con el beisbol a través de los años.

Tarjeta de beisbol
Este dibujo aparecía en una tarjeta antigua de beisbol.

Spalding's Base Ball Player.

Beisbol de noche
Este cuadro muestra un partido de beisbol jugado por la noche.

¿Cómo podemos saber más sobre el beisbol?

12

La camiseta de Jackie Robinson

Ésta era la camiseta de Jackie Robinson. Él fue el primer afroamericano que jugó en un equipo moderno de beisbol de las grandes ligas.

La Liga Femenina de Beisbol

Éste es el uniforme de un equipo femenino de beisbol, llamado South Bend Blue Sox (las Medias Azules de South Bend), de la ciudad de South Bend, Indiana.

Estampillas de beisbol

La estampilla de la izquierda muestra un juego de beisbol en tiempos antiguos. La estampilla de la derecha recuerda al primer equipo de beisbol, llamado los Cincinnati Red Stockings (los Medias Rojas de Cincinnati).

Estos objetos son del Smithsonian Institution.

2 El hogar y la escuela

Todas las mañanas desayuno apenas me levanto. Después, me cepillo los dientes y tiendo mi cama. Y tú, ¿qué haces todas las mañanas?

14

En mi clase también hay cosas que hacemos todas las mañanas. Colgamos los abrigos y guardamos las loncheras. Después nos sentamos.

Cada mañana, nos paramos frente a la bandera. La **bandera** representa a nuestro país. Un **país** es el territorio donde vive un grupo de personas. Los Estados Unidos de América son nuestro país. Cuando nos paramos frente a la bandera, estamos honrando a nuestro país. Hoy me toca ser el líder de la clase. ¡Hurra!

Nuestro día

Decir el Juramento a la Bandera

Leer el calendario

Trabajar en la computadora

Leer un cuento

Salir al patio de recreo

Fíjate en las otras cosas que haremos hoy. ¡Estaremos muy ocupados!

¿Qué aprendiste?

1. ¿Qué hace Andrew cada mañana en su casa? ¿Qué hace en la escuela?

2. ¿Por qué Andrew y su clase se paran frente a la bandera todos los días?

3. **Piensa y comenta** Haz una lista de las cosas que haces todas las mañanas. Di lo que haces en tu casa y en la escuela.

17

Ruby Bridges Hall

Ruby fue a la escuela en Nueva Orleáns, Luisiana.

Ruby tenía seis años cuando entró a primer grado. Era la única niña afroamericana en la escuela. Nunca antes se habían permitido niños afroamericanos en esa escuela. En ese tiempo, las personas se mantenían separadas según el color de su piel. Mucha gente del pueblo no quería que ella estudiara allí. Era una niña muy valiente. Ser valiente significa tener valentía.

Ruby cuando era pequeña

La Sra. Henry y Ruby Bridges Hall

VALORES
CÍVICOS
Bondad
Respeto
Responsabilidad
Justicia
Honestidad
Valentía

La Sra. Henry era la maestra de Ruby. Ningún otro niño quiso asistir a la clase de la Sra. Henry. Ruby fue su única estudiante durante casi todo un año.

Ruby y su familia sabían que esto no era justo. La valentía de una niña afroamericana fue muy importante. Cuando Ruby estaba en segundo grado, otros niños afroamericanos entraron a su escuela.

Ahora Ruby Bridges Hall es adulta. Escribió un libro sobre su vida. Muchas personas quieren saber acerca de ella.

La valentía en acción

¿Cómo puedes mostrar que eres valiente, o que tienes valentía?

19

Leer un calendario

La clase de Andrew lee el calendario todos los días. Un **calendario** es una tabla que muestra los días, las semanas y los meses del año. El calendario nos sirve para recordar días importantes.

Septiembre

Domingo	Lunes	Martes	Miércoles	Jueves	Viernes	Sábado
1 Día del Trabajo	2	3	4	5	6	
7	8	9	10	11	12	13
14	15	16	17 Día del Civismo	18	19	20 Cumpleaños de mi mamá
21	22 Primer día de otoño	23	24	25	26	27
28	29	30				

- En la parte de arriba del calendario aparece el nombre del mes. ¿Qué mes es éste?

- Cada casilla representa un día. ¿Cuántos días tiene este calendario?

- Mira la casilla que tiene el número 1. ¿Por qué es importante ese día?

El mes favorito de Andrew es febrero. Este calendario muestra los días especiales de febrero.

Febrero

Domingo	Lunes	Martes	Miércoles	Jueves	Viernes	Sábado
				1	2 Día de la Marmota	3
4	5	6	7	8	9	10
11	12 Cumpleaños de Lincoln	13	14 Día de San Valentín	15	16	17
18	19 Día de los Presidentes	20	21	22 Cumpleaños de Washington	23	24
25 Cumpleaños de Andrew	26	27	28			

¿Qué aprendiste?

1. ¿Para qué sirve un calendario?

2. ¿Por qué crees que febrero es el mes favorito de Andrew?

3. **Por tu cuenta** Haz un calendario de este mes. Marca los días importantes. ¿Por qué son importantes esos días?

Cumplir las reglas

En la escuela aprendemos muchas reglas. Las **reglas** nos indican qué debemos hacer y qué no debemos hacer. Nuestra clase pensó en algunas reglas que debemos cumplir. Mira las fotos. ¿Qué reglas cumplen los niños?

Levantar la mano para hablar

Sentarse en silencio

No correr por los pasillos

¿Qué otras reglas cumples en la escuela? ¿Qué reglas cumples en la casa?

Jugar pelota afuera

Recoger los juguetes

Tenemos reglas en la escuela y en la casa.
Algunas reglas nos ayudan a trabajar juntos.
Otras nos mantienen fuera de peligro. Mira
las fotos. Estas personas nos ayudan a
cumplir las reglas en la escuela. ¿Quién nos
ayuda a cumplir las reglas en la casa?

SCHOOL BUS

Los niños deben esperar hasta que yo los guíe para cruzar la calle.

Soy chofer de autobús. Los niños deben estar sentados durante el viaje a la escuela.

STOP

Yo soy la directora. Hago las reglas que cumples en la escuela y en el patio de recreo.

Yo soy maestra. Mis reglas te ayudan a trabajar con otros y a aprender.

Yo trabajo con la maestra. Te ayudo a cumplir las reglas del salón de clase.

¿Qué aprendiste?

1. ¿Por qué necesitamos tener reglas?

2. ¿Quiénes nos ayudan a cumplir las reglas en la escuela?

3. **Piensa y comenta** ¿Qué pasaría si no cumpliéramos las reglas?

Un problema en el patio de recreo

La clase de Andrew vio un problema. Había basura en el patio de recreo. Éstos son los pasos que siguió para solucionar el problema.

Paso 1 Decir cuál es el problema.

Paso 2 Investigar más sobre el problema.

Paso 3 Hacer una lista de maneras de solucionar el problema.

Paso 4 ¿Es una manera mejor que otra? Hablar sobre la mejor manera de solucionar el problema.

Paso 5 Solucionar el problema.

Paso 6 ¿Qué tan bien se solucionó el problema?

¡Ahora tenemos un patio de recreo bonito y limpio!

¡Inténtalo!

1. ¿Qué problema vio la clase de Andrew?

2. ¿Qué pasos siguieron para solucionar el problema?

3. **Por tu cuenta** Piensa en un problema. Di cómo lo solucionarías. Usa los mismos pasos que siguió la clase de Andrew.

Así es nuestra escuela

 ¡Nuestra escuela es muy grande!

 Sí, muy grande. Te contaré la historia de nuestra escuela.

Sr. Jones Mira estas fotos. Nos dan claves sobre los cambios de nuestra escuela.

Andrew ¿Por qué antes nuestra escuela estaba en un edificio pequeño?

Sr. Jones En el pasado, poca gente vivía en esta área. No había tantos niños en nuestra escuela.

Sr. Jones Mucha gente ha venido a vivir acá. Ahora tenemos más niños. Por eso tuvimos que construir una escuela más grande.

 **Andrew** La otra escuela era pequeña. La de hoy es mucho más grande. Me pregunto si en el futuro ¡mi escuela será todavía más grande!

¿Qué aprendiste?

1. **Usa las ilustraciones** para contar cómo cambió la escuela de Andrew.

2. ¿Por qué cambió el tamaño de la escuela?

3. **Piensa y comenta** ¿Por qué podría cambiar tu escuela en el futuro? Haz una lista de los cambios que podría haber.

Conozcamos a Mary McLeod Bethune

1875–1955
Educadora y conferenciante

Mary estudió en una escuela que tenía un solo salón. Años después, ella fundó una escuela para niñas afroamericanas.

Cuando era niña, Mary quería aprender a leer. No pudo ir a la escuela porque no había escuelas para afroamericanos. Nadie en su familia había ido nunca a la escuela.

Casi a los nueve años, Mary empezó a ir a una escuela muy pequeña, que tenía un solo salón. Al regresar a casa, le enseñaba a su familia lo que había aprendido.

Cuando Mary McLeod Bethune creció, deseaba ayudar a otros afroamericanos. Por eso fundó una escuela para niñas afroamericanas. Además, daba conferencias por todo el país. Su trabajo ayudó a comprender la importancia de tener buenas escuelas.

Mary McLeod Bethune nació en Mayesville, Carolina del Sur.

Mary McLeod Bethune con un grupo de estudiantes

Piensa y comenta

¿De qué manera Mary McLeod Bethune ayudó a otras personas?

Para más información, visita *Personajes de la historia* en **www.estudiossocialessf.com**.

Cosas que usamos

Esta foto muestra cosas que los niños usaban en la escuela en el pasado. ¿Qué usaban entonces?

MORE
DICK and JANE
STORIES

ELSON·GRAY

Algunas cosas que se usan en la escuela han cambiado. Mira la foto. ¿Qué usas hoy?

Taller de historia

Dibuja algo que usarías en una escuela del futuro. Explica tu dibujo.

La escuela es mi casa

por Herbert Thomas

¿Qué hago yo en la escuela?

Canto canciones,
aprendo lecciones.

Aprendo a leer,
aprendo a sembrar.

Aprendo en un mapa,
cómo ir a casa.

Escribo, deletreo,
antes del recreo.

Entre ejercicios y juegos,
hago mil amigos nuevos.

Mi escuela es mi casa.

37

Repaso del vocabulario

Une cada palabra con su dibujo.

bandera

escuela

regla

país

1.

2.

3.

4.

★ ★ ★ ★ ★ ★ ★ ★ ★

LISTOS para los EXÁMENES

Di qué palabra completa cada oración.

1. Cuando juegas en un equipo, eres parte de _____.

a. una regla   **b.** un mapa

c. un grupo   **d.** un país

2. Aprendemos a trabajar juntos y a estar fuera de peligro cuando cumplimos _____.

a. una regla   **b.** una bandera

c. un mapa   **d.** un país

Repaso de las destrezas

Claves de ilustraciones

Mira estas fotos.
¿Qué sucede en cada una?

★ ★ ★ ★ ★ ★ ★ ★ ★

Solucionar problemas

Hay mucho ruido en la cafetería. ¿Qué
pasos seguirías para solucionar ese problema?

Repaso de las destrezas

Leer un calendario

1. ¿Cuántos días tiene este mes?

2. ¿Cuándo es el Día de los Veteranos?

3. ¿Qué día de la semana es el 16 de noviembre?

Noviembre

Domingo	Lunes	Martes	Miércoles	Jueves	Viernes	Sábado
		1	2	3	4	5
6	7	8 ¡A votar! Día de elecciones	9	10	11 Día de los Veteranos	12
13	14	15	16	17	18	19
20	21	22	23	24 Día de Acción de Gracias	25	26
27	28	29	30			

Destrezas por tu cuenta

Dibuja un calendario de tu mes favorito.
Marca los días importantes.

¿Qué aprendiste?

1. Menciona dos grupos.

2. Nombra dos reglas que te sirvan para trabajar bien en grupo. Nombra también dos reglas que te mantengan fuera de peligro.

3. ¿Por qué es importante cumplir las reglas?

4. **Piensa y comenta** Piensa en algunas reglas para tu clase. Haz una lista de esas reglas y coméntalas con tus compañeros.

En los exámenes

Busca palabras clave en la pregunta.

Lee acerca de la escuela

Busca libros como éstos en la biblioteca.

A la escuela de los grillos

Escrito por Sarah Tatler
Ilustrado por Al Blick

Pequeñitas Celebraciones

Isidro Sánchez
Irene Bordoy

el recreo

Parramón norma

Pájaros en la cabeza

LAURA FERNÁNDEZ

trillas

Proyecto 1

¡Ven conmigo!

Dirige una visita por video a tu escuela.

1 Piensa en algunos lugares interesantes de tu escuela. ¿Qué pasa en cada lugar?

2 Haz un dibujo de lo que pasa en uno de esos lugares interesantes.

3 Haz un modelo de una cámara de video.

4 Usa el modelo de tu cámara para dirigir una visita a tu escuela. Describe el lugar que dibujaste. Explica qué les dirías a los visitantes acerca de ese lugar.

Actividad en la Internet

Visita www.estudiossocialessf.com/actividades para aprender más sobre las escuelas.

En mi comunidad

¿Qué es lo que más te gusta del lugar donde vives? ¿Por qué?

Orgullosos

por Mónica Paladino

 **Con la música de
"De colores"**

**Orgullosos, orgullosos estamos
de ser una comunidad.**

**Orgullosos de las casas y calles,
del ritmo de nuestra ciudad.**

**Orgullosos, orgullosos
de tantos idiomas que se oyen aquí.**

**Y sabemos que en muchos lugares
las comunidades también son así.**

Vocabulario ilustrado

vecindario

comunidad

ley

líder

estado

continente

océano

La casa de Kim

Destreza clave

Similares y diferentes

¡Hola! Me llamo Kim. Ésta es mi casa.

Las casas tienen diferentes formas y tamaños. Pueden ser de madera, ladrillo o piedra. En una casa puede vivir una persona o muchas personas.

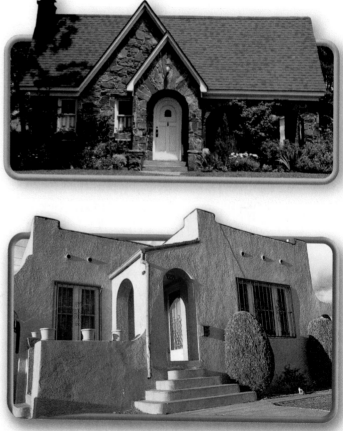

Algunas casas son similares entre sí.
Similares significa que se parecen. Las casas también pueden ser muy diferentes.
Diferentes significa que una cosa no se parece a otra. Mira las casas de las fotos. ¿En qué son similares? ¿En qué son diferentes?

¡Inténtalo!

Dibuja dos casas. ¿En qué son **similares** y en qué son **diferentes?**

Bienvenidos a mi vecindario

Mi casa tiene una dirección. Con una dirección puedes encontrar una casa o cualquier otro edificio. Una dirección tiene un número y el nombre de una calle. Mi dirección es 9 Maple Street.

Maple Street

Mira el mapa. Busca mi casa. Ahora, busca la escuela. ¿Cuál es la dirección de mi escuela?

Tanto mi casa como mi escuela forman parte de un vecindario. Un **vecindario** es el lugar donde la gente vive, trabaja y juega.

Hay vecindarios grandes y vecindarios pequeños. Unos son ruidosos y otros son tranquilos. Unos tienen muchos edificios y otros, sólo unos pocos.

Di en qué son similares y en qué son diferentes estos vecindarios.

Conozcamos a algunas personas que trabajan en mi vecindario.

Yo les traigo el correo.

Yo recojo la basura.

Mi mamá trabaja en una tienda.

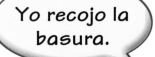

¿Qué aprendiste?

1. ¿Qué es un vecindario?

2. Nombra tres clases de trabajos que hace la gente de tu vecindario.

3. **Piensa y comenta** Escribe acerca de tu vecindario. Di en qué es **similar** y en qué es **diferente** a los vecindarios de las fotos.

Usar la clave del mapa

En algunos mapas hay dibujos que representan cosas reales. Un dibujo que representa una cosa real se llama **símbolo.** En el mapa, 🌳 representa un árbol.

Calle Rosa

Éste es el mapa del parque que queda cerca de la casa de Kim. Este mapa tiene una clave. La **clave del mapa** nos dice lo que representan los símbolos.

Clave del mapa

Basurero

Columpios

Fuente para beber

Banca

Árbol

Calle

¡Inténtalo!

1. ¿Por qué son importantes los símbolos en un mapa?

2. ¿Qué hay al lado del 🗑 en el parque?

3. **Por tu cuenta** Haz un mapa de tu salón de clase y añádele una clave del mapa. Muestra el camino que sigues para ir desde tu escritorio hasta el escritorio del maestro.

Diferentes comunidades

Mi vecindario es parte de una comunidad. Una **comunidad** está formada por un grupo de personas y por el lugar donde viven. Las comunidades son más grandes que los vecindarios. Diferentes vecindarios pueden formar parte de una misma comunidad.

Vivo en una ciudad grande.

Una ciudad es una comunidad grande. En las ciudades viven y trabajan muchas personas.

Algunas personas viven en pueblos. La comunidad de un pueblo no es tan grande como la de una ciudad.

¿Qué aprendiste?

1. ¿Qué es una comunidad?

2. ¿Cuál es la diferencia entre una ciudad y un pueblo?

3. **Piensa y comenta** ¿En qué es **similar** tu comunidad a estas comunidades? ¿En qué es **diferente?**

En una comunidad del campo, las casas pueden estar alejadas unas de otras.

Las comunidades cambian

Esta foto muestra como fue la comunidad de Kim en el pasado. Su comunidad ha cambiado desde entonces.

Ésta es la comunidad de Kim hoy día. Más personas viven y trabajan en su comunidad ahora. También hay más casas y tiendas. Mira cómo ha cambiado su comunidad.

Taller de historia

Imagínate cómo puede cambiar una comunidad. Haz tres dibujos de una comunidad. Ponles los títulos de *pasado, presente* y *futuro.*

Usar los puntos cardinales

Kim usa los puntos cardinales de los mapas para encontrar los diferentes lugares de su comunidad. Los **puntos cardinales** le indican hacia dónde ir. Los puntos cardinales principales son: norte, sur, este y oeste.

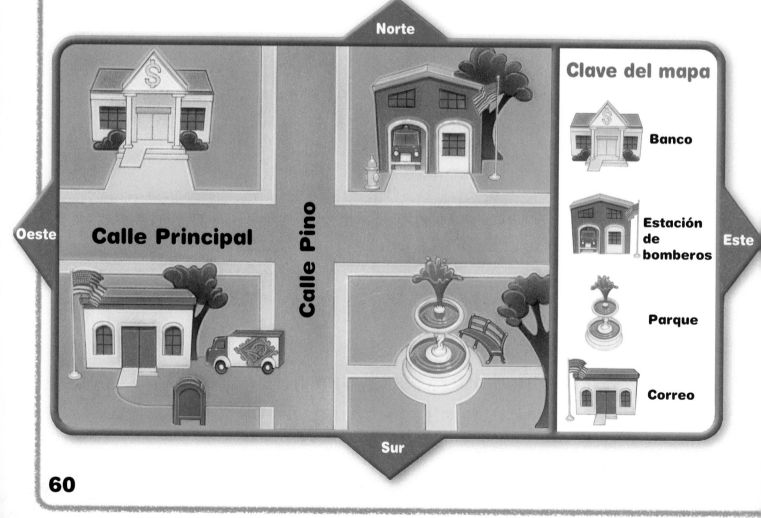

Norte

Oeste

Este

Sur

Calle Principal

Calle Pino

Clave del mapa

Banco

Estación de bomberos

Parque

Correo

Pon el dedo en la calle Pino. Muévelo hacia la flecha que señala el sur. Vas hacia el sur. Ahora, mueve tu dedo hacia la flecha que señala el norte. ¿Hacia dónde vas? Cuando miras hacia el norte, el este está a la derecha. ¿Qué punto cardinal está a la izquierda?

¡Inténtalo!

1. ¿El parque está al norte o al sur de la calle Principal?

2. Busca la estación de bomberos. ¿Hacia dónde irías para llegar al banco?

3. **Por tu cuenta** Párate al lado de tu escritorio, mirando hacia el norte. Di en dónde están las cosas en tu clase y en la escuela. Usa las palabras *norte, sur, este* y *oeste.*

Las cosas especiales que hacemos

En nuestra comunidad compartimos diferentes costumbres. Una costumbre es una manera especial de hacer algo. Mi álbum de recortes tiene fotos de nuestras costumbres especiales.

En el Día de la Independencia, siempre hacemos un picnic. Ese día cumple años nuestro país.

¡Bienvenidos al vecindario! Siempre damos una canasta de regalos a los nuevos vecinos.

En el Día de la Madre, siempre le hago un regalo especial a mi mamá.

Todos los años, en el día del Año Nuevo Chino, nuestros amigos van a un desfile. El año pasado los acompañamos.

Todas las noches, antes de dormir, mi mamá y yo leemos un libro. ¡Es nuestro momento especial!

¿Qué aprendiste?

1. ¿Qué momentos especiales comparte tu familia?

2. ¿Por qué celebramos el Día de la Independencia?

3. **Piensa y comenta** Haz un dibujo de una manera de celebrar un día especial. Explica tu dibujo.

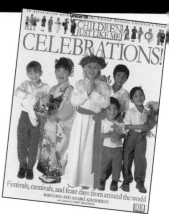

El Año Nuevo Chino

Man Po tiene nueve años y vive en China. A ella le gusta el Año Nuevo Chino. Es una de las fiestas de mayor colorido del mundo.

Miles de personas van a ver las carrozas en el desfile de Año Nuevo.

A veces, carrozas como ésta son parte del desfile de Año Nuevo. Tiene forma de buey.

Con frecuencia se dice que las mandarinas con hojas son las frutas de la suerte del Año Nuevo.

Algunos chinos creen que las flores del durazno traen buena suerte.

Algunas personas creen que el kuncuat, o árbol de naranjillo, trae buena suerte.

"Mi traje es de seda. Es muy bonito".

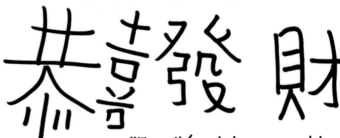

"Escribí palabras en chino que le desean riqueza a las personas".

En la mañana de Año Nuevo, los niños chinos reciben monedas en sobres rojos.

Una de las comidas favoritas de Man Po es el Law Pak Ko, o pastel de camarones.

Law Pak Ko

El color principal para la ropa y las decoraciones de Año Nuevo es el rojo. Es el color de la felicidad.

67

CAPAY se fundó en Boston, Massachusetts.

Vira ayudó a fundar CAPAY.

Aprendamos sobre los demás

Algunas personas desean que los demás conozcan otras costumbres y modos de vivir. Una de ellas es Vira, una joven estadounidense del Pacífico-asiático. Ella deseaba que su comunidad entendiera mejor a la gente del Pacífico-asiático.

Vira y sus amigos fundaron el grupo CAPAY. Los miembros de CAPAY desean que se trate con justicia a la gente del Pacífico-asiático.

CAPAY

VALORES CÍVICOS

Bondad
Respeto
Responsabilidad
Justicia
Honestidad
Valentía

Los miembros de CAPAY se reúnen por lo menos una vez al mes. Invitan a toda la comunidad, pero especialmente a los jóvenes. En las reuniones, cuentan cómo viven y piensan las personas del Pacífico-asiático. Responden preguntas y hablan sobre el trato justo para todos.

La justicia en acción

¿Qué pueden hacer tus compañeros y tú para que todos sean tratados con justicia?

Leyes y líderes de la comunidad

Soy el agente Taylor. Me encargo de que se cumplan las leyes.

Una **ley** es una regla que debemos cumplir. Las leyes nos ayudan a estar fuera de peligro. También nos ayudan a mantener limpias nuestras comunidades.

Mira estas señales. Representan algunas leyes. En la comunidad de Kim hay todas estas señales. ¿Qué leyes nos ayudan a estar fuera de peligro? ¿Qué ley ayuda a mantener limpia nuestra comunidad?

NO SWIMMING

STOP

Un alcalde es un líder de una comunidad. Un **líder** es quien ayuda a las personas a tomar decisiones.

La alcaldesa Garza trabaja con otros líderes de la comunidad. Toman decisiones para el bienestar de la comunidad. ¡Hacen de su comunidad un buen lugar donde vivir!

Soy la alcaldesa Garza. Soy la alcaldesa de un pueblo pequeño.

¿Qué aprendiste?

1. ¿Por qué necesitamos reglas y leyes?

2. ¿Qué hacen los líderes? ¿Quiénes son los líderes de tu escuela y de tu comunidad?

3. **Piensa y comenta** Piensa en dos leyes. Dibújales señales. Comenta tus dibujos con tus compañeros.

Conozcamos a Jane Addams

1860–1935
Trabajadora social

Jane Addams fue una líder comunitaria famosa. Fundó un lugar muy especial para las personas de su comunidad.

Desde muy joven, Jane aprendió la importancia de ayudar a los demás. Ya adulta, Jane Addams y una amiga tomaron una casa grande y desocupada en Chicago, Illinois. La llamaron Hull House.

Jane Addams nació en Cedarville, Illinois.

Hull House se convirtió en el lugar donde la gente de la comunidad iba en busca de ayuda. Iban personas enfermas o que tenían preguntas sobre leyes. Algunas necesitaban que les cuidaran a sus hijos. Otras iban allí a tomar clases. Hull House tenía un comedor comunitario, un patio de recreo y una guardería infantil.

En 1931, Jane Addams fue la primera mujer estadounidense en ganar un premio importante llamado Premio Nobel de la Paz.

Museo Hull House

Piensa y comenta

¿De qué manera ayudó a la comunidad Jane Addams?

Para más información, visita *Personajes de la historia* en **www.estudiossocialessf.com**.

¿En qué lugar del mundo vivo?

Ésta es mi comunidad. Mi comunidad es una ciudad llamada Houston. Recibió su nombre en honor a un líder famoso llamado Sam Houston.

Vivo en el estado de Texas. Un **estado** forma parte de un país. Los Estados Unidos de América es mi país. En los Estados Unidos hay cincuenta estados. ¿En qué estado vives? Búscalo en el mapa.

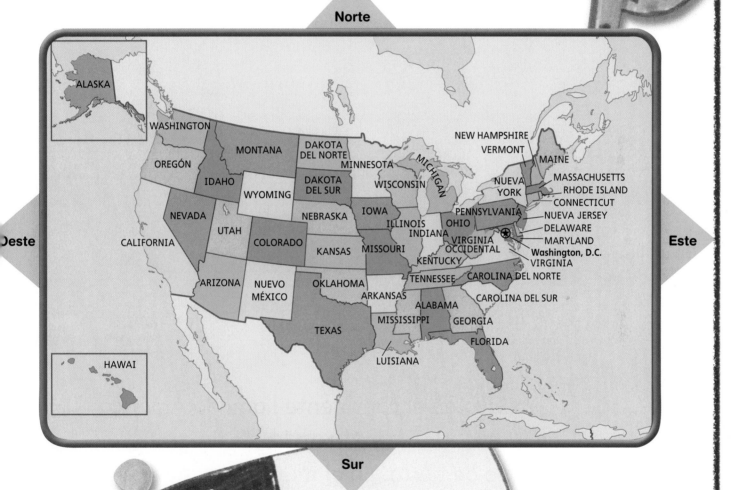

Norte

Oeste

Este

Sur

ALASKA

WASHINGTON
MONTANA
DAKOTA DEL NORTE
MINNESOTA
NEW HAMPSHIRE
VERMONT
MAINE
OREGÓN
IDAHO
WYOMING
DAKOTA DEL SUR
WISCONSIN
MICHIGAN
NUEVA YORK
MASSACHUSETTS
RHODE ISLAND
CONNECTICUT
NEVADA
UTAH
NEBRASKA
IOWA
ILLINOIS
INDIANA
OHIO
PENNSYLVANIA
NUEVA JERSEY
DELAWARE
MARYLAND
CALIFORNIA
COLORADO
KANSAS
MISSOURI
KENTUCKY
VIRGINIA OCCIDENTAL
Washington, D.C.
VIRGINIA
ARIZONA
NUEVO MÉXICO
OKLAHOMA
ARKANSAS
TENNESSEE
CAROLINA DEL NORTE
CAROLINA DEL SUR
TEXAS
MISSISSIPPI
ALABAMA
GEORGIA
FLORIDA
LUISIANA
HAWAI

Los Estados Unidos forman parte de un continente que se llama América del Norte.

AMÉRICA DEL NORTE

OCÉANO ATLÁNTICO

OCÉANO PACÍFICO

AMÉRICA DEL SUR

En un mapa, los océanos son azules.

ANTÁRTIDA

Yo vivo en el continente llamado América del Norte. Un **continente** es un gran pedazo de tierra. En el mundo hay siete continentes. Busca los continentes en el mapa.

En el mundo también hay cuatro océanos. Un **océano** es una gran masa de agua. El agua del océano es muy salada.

OCÉANO GLACIAL ÁRTICO

EUROPA

ASIA

ÁFRICA

OCÉANO
ÍNDICO

AUSTRALIA

¡El mundo donde
vivo es enorme!

¿Qué aprendiste?

1. ¿En qué país queda el estado donde vives?

2. ¿En qué son **similares** y en qué son **diferentes** un continente y un océano?

3. Piensa y comenta Mira un mapa de tu estado. Busca tu comunidad. Nombra otros pueblos y ciudades que queden cerca de tu comunidad.

Conozcamos a Sam Houston

1793-1863
Abogado y líder

Sam Houston ayudó a Texas a convertirse en parte de los Estados Unidos.

Sam pasó su niñez en granjas de Virginia y Tennessee. Siendo muy joven, se fue de su casa a vivir con los indígenas cheroquíes. Allí aprendió el idioma y las costumbres de ellos.

Cuando creció, Sam Houston se hizo abogado. Fue uno de los líderes de Texas, antes de que Texas se convirtiera en estado. En ese tiempo, Texas pertenecía a México. Los texanos querían mandar en su territorio. Texas y México entraron en guerra. Sam Houston dirigió el ejército que luchó contra México, y ganó. Texas se independizó.

Años después, Sam Houston ayudó a Texas a convertirse en un estado de los Estados Unidos de América.

Sam Houston nació cerca de Lexington, Virginia.

La bandera de Texas

Piensa y comenta

Nombra dos cosas que Sam Houston hizo para ayudar a Texas.

Para más información, visita *Personajes de la historia* en **www.estudiossocialessf.com**.

Una gran comunidad

por Toni Barkley

Aquí queda mi casa.
¿Ves qué grande es?
Para que quepamos todos
la mido de diez en diez.

Aquí queda mi vecindad.
¿Ves todo lo que me rodea?
Y también hace parte
de una gran comunidad.

Aquí queda mi estado,
es uno de los cincuenta
que hay en mi país:
así el mapa nos cuenta.

Aquí queda mi mundo,
lo mejor que se inventó.
Es el lugar perfecto
para que vivamos tú y yo.

Repaso

Repaso del vocabulario

vecindario

continente

océano

líder

estado

Di qué palabra completa cada oración.

1. La gente vive, trabaja y juega en un _____.

2. Un alcalde es un _____ de una comunidad.

3. Texas es un _____.

4. Un gran pedazo de tierra es un _____.

5. Una gran masa de agua salada es un _____.

★ ★ ★ ★ ★ ★ ★ ★ ★

LISTOS para los EXÁMENES

Di qué palabra completa cada oración.

1. Una regla que debemos cumplir se llama _____.

    a. ley   **b.** estado

    c. líder   **d.** comunidad

2. Una ciudad es _____ grande.

    a. un vecindario   **b.** un continente

    c. un océano   **d.** una comunidad

Repaso de las destrezas

Similares y diferentes

Cuenta o escribe de qué manera las leyes pueden ser **similares** y **diferentes.**

Usar la clave del mapa

1. ¿Qué representa ?

2. ¿Cuántos símbolos hay en la clave de este mapa?

3. Dibuja un símbolo para algo que no aparezca en la clave del mapa.

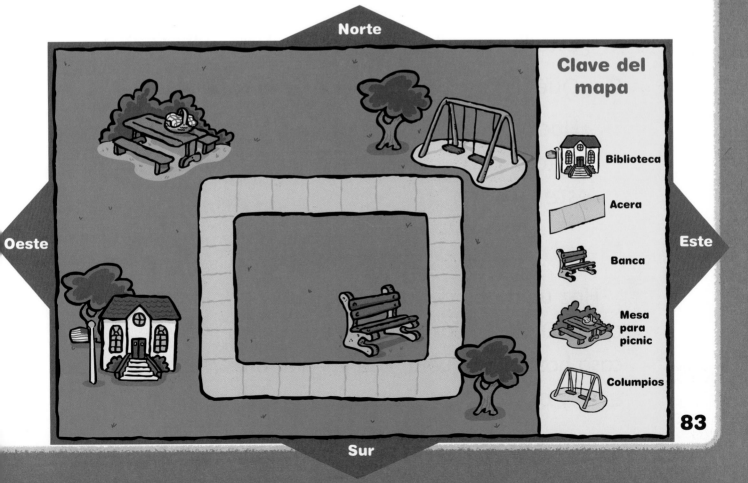

Norte

Oeste

Este

Sur

Clave del mapa

Biblioteca

Acera

Banca

Mesa para picnic

Columpios

83

Repaso de las destrezas

Usar los puntos cardinales

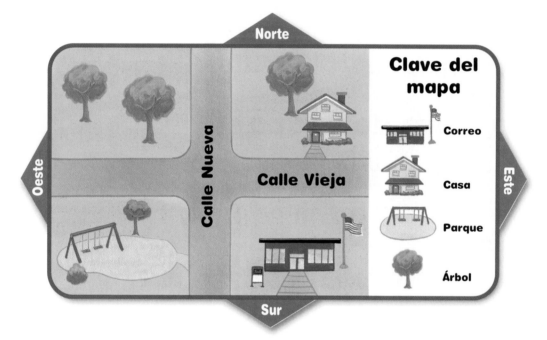

1. ¿Está la casa al norte o al sur de la calle Vieja?

2. ¿Qué lugar queda al oeste de la calle Nueva?

3. ¿Hacia dónde caminarías para ir desde la casa hasta el parque? Usa las palabras *norte, sur, este* u *oeste.*

Destrezas por tu cuenta

Haz un mapa de tu comunidad y ponle una clave. Di hacia dónde caminarías para ir desde tu casa hasta la escuela. Usa las palabras *norte, sur, este* y *oeste.*

¿Qué aprendiste?

1. ¿Por qué es importante que sepas la dirección de tu casa?

2. ¿Cómo es posible vivir en una comunidad y en un estado al mismo tiempo?

3. Nombra dos maneras en que una comunidad puede cambiar con el tiempo.

4. **Escribe y comenta** Escribe sobre un alcalde y un director de escuela. Di en qué son **similares** y en qué son **diferentes** estos líderes.

En los exámenes

Busca palabras clave en el texto.

Lee acerca de las comunidades

Busca libros como éstos en la biblioteca.

¿A dónde vamos?
Cuento escrito por Mike Barney
Ilustrado por Robert LoGrippo

LIBRERÍA

María Rius
Josep Mª Parramon
la ciudad
BARRON'S

Just Like Home
Como en Mi Tierra
WRITTEN BY • ESCRITO POR
Elizabeth I. Miller
PAINTINGS BY • PINTURAS DE
Mira Reisberg

SPANISH TRANSLATION BY • TRADUCIDO AL ESPAÑOL POR
Teresa Mlawer

UNIDAD

Proyecto 2

Noticias para todos

Los reporteros de televisión nos informan lo que pasa en el mundo. Tú podrías informar sobre lo que pasa en tu comunidad.

1 Elige algo que haya pasado o que pudiera pasar en tu comunidad.

2 Haz un cartel acerca de lo que pasa. En la parte de abajo de tu cartel, escribe palabras sobre lo que pasa.

3 Informa en las noticias sobre lo que pasa. Explica qué pasó y quién estaba allí. Di cuándo y dónde pasó. También di por qué lo que pasó es una noticia importante.

Actividad en la Internet

Visita www.estudiossocialessf.com/actividades
para aprender más sobre
las comunidades.

¡Trabajo y más trabajo!

¿Qué trabajo te gustaría hacer?

Los trabajos

por Marta Márquez

 Con la música de
"Tengo una muñeca
vestida de azul"

Esta mañanita
me puse a pensar
a cuál de los trabajos
me iré a dedicar.

Cartero o maestro,
bombero o doctor,
o haciendo ricas pizzas,
¡feliz sería yo!

trabajo

necesidades

gustos

herramientas

90

bienes

servicio

voluntario

transporte

Ben trabaja

Destreza clave

Ordenar

¡Hola! Me llamo Ben. Me gustaría tener una pizzería algún día.

El sábado abrí un puesto de limonada. Estas fotos muestran el orden en que lo hice. Con tus propias palabras cuenta lo que hice.

Primero

Luego

¿Usaste palabras como **primero, luego** y **por último?** Esas palabras dicen en qué orden pasaron las cosas.

Primero, hice la limonada.

Luego, armé mi puesto de venta.

Por último, le vendí un vaso a mi amiga.

Al leer más sobre el trabajo, fíjate en las palabras **primero, luego** y **por último.**

Por último

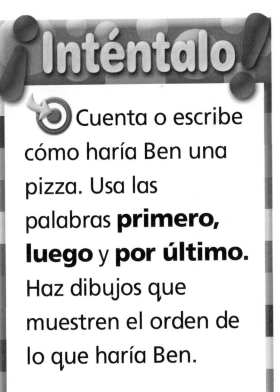

Cuenta o escribe cómo haría Ben una pizza. Usa las palabras **primero, luego** y **por último.** Haz dibujos que muestren el orden de lo que haría Ben.

Los trabajos de Ben

Yo ayudo en los trabajos de la casa. Un **trabajo** es la actividad que hacemos para lograr algo. **Primero,** recojo mis juguetes para arreglar mi cuarto.

Luego, le doy de comer a Rusty, nuestro perro. Todos nos turnamos para cuidarlo.

Por último, mi familia y yo hacemos la cena. Me gusta ayudar a cocinar. Cuando todo está listo, nos sentamos a comer. ¡Eso es lo que más me gusta!

En la escuela hago otros trabajos. Pero mi trabajo principal es aprender. Ése es tu trabajo también.

Hoy hago un trabajo especial. Me toca darle de comer al hámster. ¿Qué trabajos especiales haces en la escuela?

¿Qué aprendiste?

1. ¿Qué es el trabajo? ¿Por qué son importantes los trabajos de tu clase?

2. ¿En qué se parecen los trabajos de la casa y los de la escuela? ¿En qué se diferencian?

3. Piensa y comenta Cuenta o escribe acerca de algún trabajo que haces bien. Usa las palabras **primero, luego** y **por último.**

Usar una tabla

Se usa una **tabla** para mostrar algo con palabras y dibujos. Esta tabla muestra algunos trabajos que hacen los niños en la escuela.

Trabajos en la escuela	
Trabajos	**Encargados**
Dar de comer al hámster	Ben
Regar las plantas	Mary
Limpiar el pizarrón	Sam

- El título dice de qué trata la tabla.

  ¿De qué trata esta tabla?

- A la izquierda están los trabajos.

- Mira el nombre al lado del primer trabajo. ¿Quién le da de comer al hámster?

Ben y su hermana Rita ayudan con los trabajos de la casa. Esta tabla muestra los trabajos que hacen. Usa la tabla para responder las preguntas.

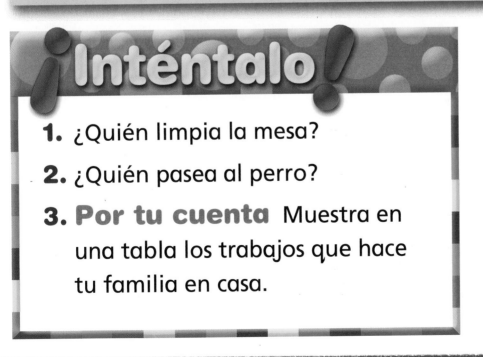

Trabajos en la casa	
Trabajos	**Encargados**
Poner la mesa	Ben
Limpiar la mesa	Rita
Pasear al perro	Ben
Dar de comer al perro	Rita

¡Inténtalo!

1. ¿Quién limpia la mesa?

2. ¿Quién pasea al perro?

3. **Por tu cuenta** Muestra en una tabla los trabajos que hace tu familia en casa.

Necesidades y gustos

Mi familia me da muchas cosas que necesito. Las **necesidades** son las cosas que debemos tener para vivir. Estas ilustraciones muestran algunas de las necesidades que tenemos

Necesitamos alimentos y agua para estar sanos y crecer.

Necesitamos ropa para vestirnos.

Necesitamos un lugar donde vivir.

100

Los **gustos** son las cosas que deseamos tener. No todos tenemos los mismos gustos. Rita desea tomar lecciones de música. Yo deseo tener un carro robot. Si tú estuvieras abriendo este regalo, ¿qué te gustaría encontrar?

¿Qué aprendiste?

1. Nombra dos cosas que toda persona necesita.

2. Nombra una cosa que desearías tener.

3. **Piensa y comenta** ¿Cuál es la diferencia entre gustos y necesidades?

Los juguetes cambian

A Ben le gustaría tener un carro robot. Los niños siempre han jugado con juguetes. Éstos son juguetes que niños de ayer y niños de hoy han deseado tener.

Ayer	Hoy

¿En qué lado de la tabla colocarías estos juguetes?

Taller de historia

Imagínate a un niño del futuro. ¿Qué juguete crees que le gustaría tener? Dibújalo.

Gastar y ahorrar

Con la venta de limonada gané 70¢.
Ahora voy a decidir cómo gastarlos.
Aquí ves algunas de las cosas que quisiera
comprar. Pero algunas cuestan más
dinero del que tengo. ¿Qué harías tú?

75¢

25¢

90¢

85¢

50¢

Puedo gastar mi dinero ahora o ahorrarlo para después. Ahorrar dinero significa que lo guardo para usarlo después. ¡La próxima vez que venda limonada, tendré más dinero!

¿Qué aprendiste?

1. Nombra dos cosas que la gente puede hacer con su dinero.

2. ¿Qué puede hacer una familia si quiere algo que cuesta más dinero del que tiene?

3. **Piensa y comenta** ¿Para qué se ahorra dinero?

Monedas del mundo

En todas partes del mundo se gasta y se ahorra dinero.

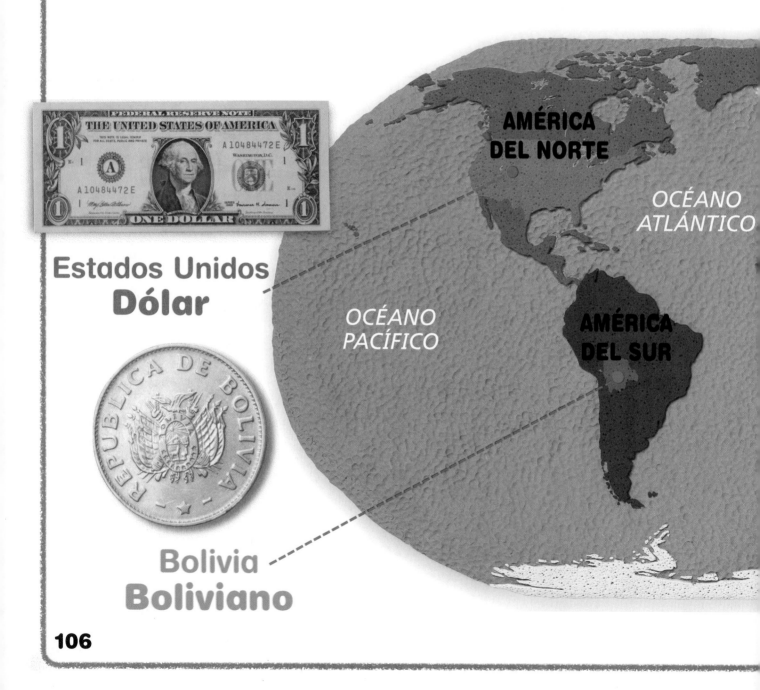

Estados Unidos
Dólar

Bolivia
Boliviano

AMÉRICA DEL NORTE

OCÉANO ATLÁNTICO

OCÉANO PACÍFICO

AMÉRICA DEL SUR

Polonia
Zloty

Japón
Yen

Australia
Dólar

OCÉANO GLACIAL ÁRTICO

EUROPA

ASIA

ÁFRICA

OCÉANO
ÍNDICO

AUSTRALIA

ANTÁRTIDA

Egipto
Libra

Para más información, visita el *Atlas* en **www.estudiossocialessf.com.**

107

¡Bienvenidos a la Feria del Trabajo!

Hoy tenemos visitantes que van a hablarnos de su trabajo. Unos usan herramientas. Las **herramientas** son objetos que sirven para hacer un trabajo. Para ganar dinero, unos trabajadores cultivan. Otros fabrican bienes. Las cosas que se cultivan o se fabrican se llaman **bienes.**

108

Algunos trabajadores prestan servicios para ganar dinero. Un **servicio** es el trabajo que se hace para ayudar a los demás. Los servicios nos dan lo que deseamos o necesitamos. ¿Conoces a alguien que preste un servicio? ¿Qué hace esa persona?

Mi papá es plomero. Repara tuberías.

Yo soy maestra. Enseño a los niños.

Algunas personas trabajan sin cobrar.
Son los voluntarios. Un **voluntario** es
alguien que trabaja gratis. Los voluntarios
ayudan a los demás.

Ayudamos a personas que necesitan comida, ropa o donde vivir.

Recolección de alimentos

Hay muchas clases de trabajos. ¿Cuál te gustaría más? ¿Fabricarías o cultivarías algo? ¿Prestarías algún servicio? ¡Todo trabajo es importante! ¿Para qué sirve el trabajo de estas personas?

¿Qué aprendiste?

1. ¿Qué servicios necesitamos?

2. ¿Cómo ayudan los voluntarios a los demás?

3. **Piensa y comenta** Nombra tres bienes que uses todos los días. ¿Cómo los usas?

La Cocina de los Niños queda en Warner Robins, Georgia.

La Cocina de los Niños

Cuando Sagen estaba en segundo grado, vio algo interesante en la televisión. Era sobre ayuda a la comunidad. Por eso decidió ser voluntaria.

Sagen organizó un grupo llamado La Cocina de los Niños. Dan almuerzo a familias necesitadas una vez a la semana.

Sagen

112

VALORES
CÍVICOS
★ Bondad
Respeto
Responsabilidad
Justicia
Honestidad
Valentía

Hay muchos niños voluntarios. Cada semana, hacen cientos de sándwiches. Algunas personas se llevan lo que queda para la cena.

"Cuando hablo de La Cocina de los Niños, espero que alguien se inspire para hacer lo mismo en su comunidad", dice Sagen.

★ La bondad en acción ★

¿De qué manera puedes ser bueno o buena con otra persona?

113

Conozcamos a Clara Barton

1821–1912 • Voluntaria

Clara Barton fue una voluntaria muy famosa. El grupo que ella fundó hace mucho tiempo sigue ayudando hoy día.

Clara Barton trabajó mucho ayudando a los demás. Cuando niña, ayudó a cuidar a su hermano menor. ¡El niño estuvo enfermo casi dos años!

Durante la Guerra Civil, Clara trabajó como voluntaria. Alcanzaba las vendas y medicinas, y cuidaba a los soldados heridos. Salvó muchas vidas.

Al terminar la guerra, Clara Barton quiso continuar su ayuda. Fundó entonces la Cruz Roja Americana. Hoy en día, la Cruz Roja da comida, ropa y albergue a personas necesitadas de todo el mundo.

Clara Barton nació en Oxford, Massachusetts.

American Red Cross

Clara Barton hizo una cruz roja de una cinta que usaba.

Piensa y comenta

Menciona dos maneras en que Clara Barton ayudó a los demás.

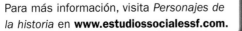
Para más información, visita *Personajes de la historia* en **www.estudiossocialessf.com**.

Entrevista con un agricultor

Sr. Ford   Yo cultivo cacahuates.

Ben   ¡Me encantan los cacahuates! ¿Cómo los cultiva?

Sr. Ford   Cultivar cacahuates es muy trabajoso.

Primero, siembro los cacahuates. Empiezan a crecer.

Luego, cuido las plantas mientras van creciendo.

Por último, recojo los cacahuates.

117

Primero, un camión lleva los cacahuates hasta la fábrica.

Luego, los secan, los limpian y los tuestan.

Por último, los meten en bolsas y los envían a las tiendas.

118

Ben ¡Mucha gente trabajó antes de que yo pudiera comer mis cacahuates!

¿Qué aprendiste?

1. Cuenta algo sobre el trabajo de un agricultor.

2. Cuenta cómo llegan los cacahuates desde la granja hasta la tienda. Usa las palabras **primero, luego** y **por último.**

3. **Piensa y comenta** ¿Cuáles de los bienes que usas todos los días vienen de una granja?

Seguir una ruta

El mapa muestra la ruta del camión desde la granja hasta la fábrica. Una **ruta** es el camino que se toma para ir de un lugar a otro.

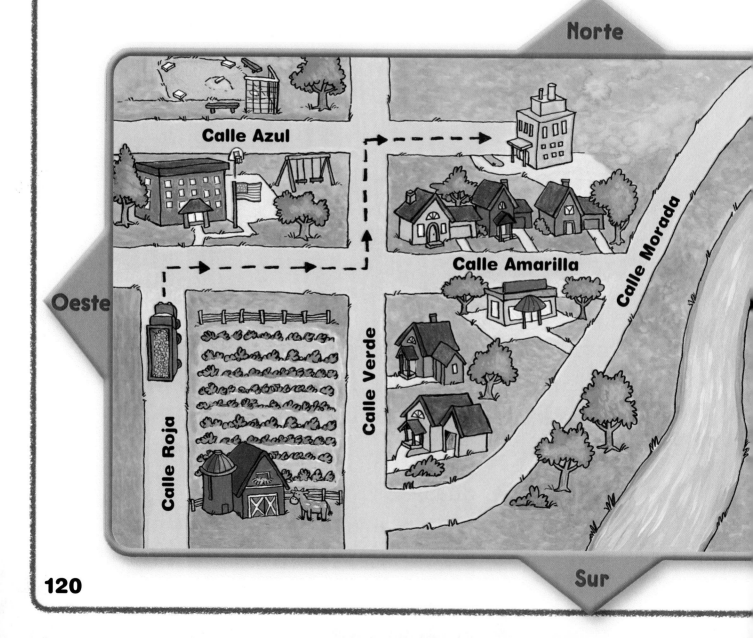

120

Mira el mapa. ¿Qué edificio queda al norte de donde está el camión? ¿Qué muestra la flecha? ¿Dónde comienza la ruta? Sigue la ruta con tu dedo.

Clave del mapa

Granja

Tienda

Fábrica

Este

Escuela

Casa

- - → Ruta del camión

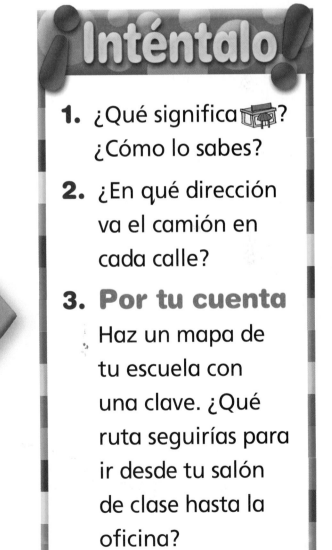

¡Inténtalo!

1. ¿Qué significa 🏪? ¿Cómo lo sabes?

2. ¿En qué dirección va el camión en cada calle?

3. **Por tu cuenta** Haz un mapa de tu escuela con una clave. ¿Qué ruta seguirías para ir desde tu salón de clase hasta la oficina?

Conozcamos a George Washington Carver

Alrededor de 1864–1943
Científico y maestro

El trabajo de George Washington Carver era ayudar a los agricultores. Les enseñó cómo sembrar y usar los cacahuates.

A George Washington Carver le gustaron las plantas desde muy pequeño. Más adelante, asistió a la escuela para estudiar el cultivo de las plantas. Se hizo maestro para ayudar a los agricultores.

George les enseñó a cultivar cacahuates. Sabía que la planta de cacahuate hace que la tierra sea más saludable para el crecimiento de otros cultivos. Elaboró además nuevos productos a base de cacahuate. Tal vez uses algunas de las cosas que él aprendió a hacer. ¿Sabías que hay jabón, dulces y pinturas hechos de cacahuate?

George Washington Carver nació en Diamond Grove, Missouri.

Cacahuates con raíces y tallos

Piensa y comenta

¿De qué manera ha sido útil el trabajo de George Washington Carver?

Para más información, visita *Personajes de la historia* en **www.estudiossocialessf.com**.

De un lugar a otro

El señor Ford maneja un tractor y un camión en la granja. Ésos son sus medios de transporte. Los medios de **transporte** mueven personas y bienes de un lugar a otro.

A veces Ben usa su bicicleta o va en carro. ¿Qué clase de transporte usas tú?

Algunos medios de transporte mueven muchos bienes al mismo tiempo. Un camión puede llevar los cacahuates desde la granja hasta la fábrica y después hasta las tiendas de todo el país. ¿Qué otros medios de transporte llevan bienes de un lugar a otro?

¿Qué aprendiste?

1. ¿Por qué usamos medios de transporte?

2. ¿Qué medios de transporte hay en tu comunidad?

3. **Piensa y comenta** ¿Se usan los mismos medios de transporte para las personas y para los bienes?

Grandes ruedas

Mira estos medios de transporte. ¿En qué trabajos nos ayudan estos camiones?

Mezcladora de cemento

Mezcladora

Capó

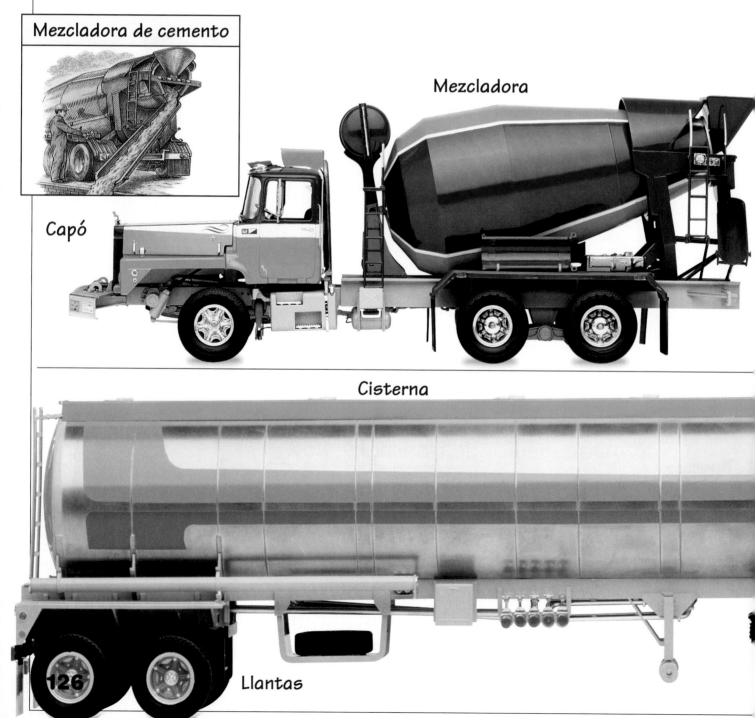

Cisterna

126

Llantas

Cabina

Camión de repartos

Camión grúa

Grúa

Gancho

Camión cisterna

Parachoques

127

Un día de trabajo

por Camila Ramírez

Mi mamita y yo
fuimos hoy a trabajar.

Bueno, ella trabajaba
mientras yo jugaba.

Tuvo una reunión urgente
donde habló con mucha gente.

Ahora yo quisiera saber
cuando crezca, ¿qué voy a ser?

Repaso

Repaso del vocabulario

Di qué palabra completa cada oración.

transporte

trabajo

servicio

bienes

voluntario

necesidades

1. Los alimentos, la ropa y la vivienda son _____ .

2. Una actividad que hacemos para lograr algo es un _____.

3. Un trabajo que se hace para ayudar a los demás es un _____.

4. Alguien que trabaja gratis es _____.

5. Un avión es un tipo de _____ .

6. Las cosas que se cultivan o fabrican son _____ .

★ ★ ★ ★ ★ ★ ★ ★ ★

LISTOS para los EXÁMENES

En los exámenes

Si sabes que una respuesta es incorrecta, descártala.

¿Qué palabra completa cada oración?

1. Las cosas que deseamos tener son _____ .

   a. bienes   **b.** transporte
   c. herramientas   **d.** gustos

2. Los alicates y el martillo que usa un carpintero se llaman _____ .

   a. servicio   **b.** transporte
   c. herramientas   **d.** gustos

Repaso de las destrezas

Ordenar

Escribe acerca de un trabajo que te gustaría hacer algún día. Di qué harías **primero, luego** y **por último.**

★ ★ ★ ★ ★ ★ ★ ★ ★

Seguir la ruta

1. ¿Qué edificios quedan al este de la tienda?

2. Sigue la ruta con tu dedo. ¿Dónde comienza la ruta de Pat?

3. Di en qué dirección va Pat en cada calle.

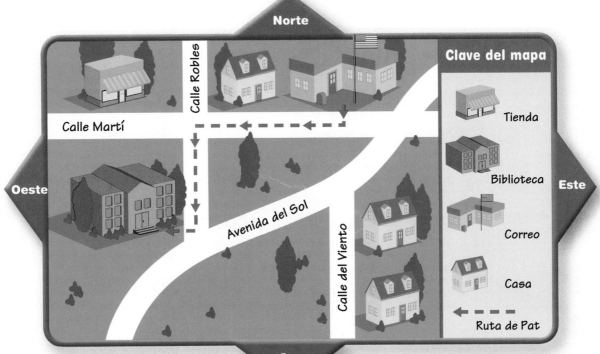

Repaso de las destrezas

Usar una tabla

Usa la tabla para responder las preguntas.

Herramientas que usamos hoy	
Herramientas	**Nombres**
Lápiz	Sara
Computadora	Tony
Pincel	Ryan
Regla	Lisa

1. ¿Cuántas herramientas muestra la tabla?

2. ¿Quién usó una regla?

3. ¿Quién usó un lápiz?

Destrezas por tu cuenta

Haz una tabla que muestre algunos trabajos que se hacen en tu clase. Ponle un título. Escribe los trabajos a la izquierda y el nombre de cada encargado a la derecha.

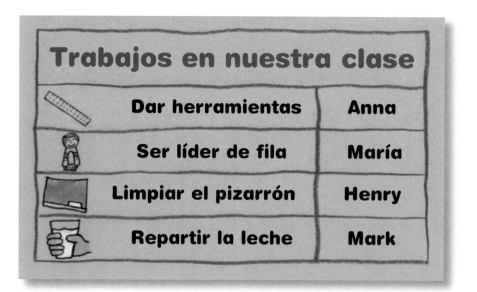

Trabajos en nuestra clase	
Dar herramientas	Anna
Ser líder de fila	María
Limpiar el pizarrón	Henry
Repartir la leche	Mark

¿Qué aprendiste?

1. ¿Por qué trabajamos?

2. ¿Cuál es la diferencia entre bienes y servicios?

3. Nombra unos trabajos. Di qué bienes o servicios da cada uno.

4. **Escribe y comenta**
   Escribe qué podrías hacer si quisieras comprar un juguete que cuesta más dinero del que tienes.

Lee acerca del trabajo

Busca libros como éstos en la biblioteca.

A sembrar sopa de verduras
escrito e ilustrado por Lois Ehlert

LA ESTACION DE FERROCARRIL
4
PHILIPPE DUPASQUIER
EDICIONES GENERALES ANAYA

ANN MORRIS
En marcha
FOTOGRAFÍAS DE KEN HEYMAN
SCHOLASTIC

Proyecto 3

Los trabajos en tu comunidad

Haz un títere que represente a un trabajador de tu comunidad. Presenta una entrevista sobre lo que hace ese trabajador.

1 Escoge un tipo de trabajador de tu comunidad.

2 Haz un títere que represente al trabajador que escogiste. Ponle su uniforme o las herramientas que usa.

3 Explica qué servicios o bienes nos da ese trabajador.

4 Responde las preguntas de tus compañeros sobre lo que hace ese trabajador.

Actividad en la Internet

Visita www.estudiossocialessf.com/actividades para aprender más sobre los trabajos y los trabajadores.

Nuestra Tierra y sus recursos

¿Cómo podemos cuidar nuestra Tierra?

¡Qué lindo es conservar!

por Johanna García

Con la música de
"La raspa"

Tenemos que cuidar
la tierra y el mar.
Ganamos al ahorrar
en vez de usar y usar.

¡Podemos reciclar
en vez de desperdiciar!
Nos vamos a alegrar.
¡Qué lindo es conservar!

Vocabulario ilustrado

tiempo

montaña

llanura

lago

río

recurso natural

historia

Nuestra Tierra maravillosa

Destreza clave

Buscar la idea principal

¡Hola! Me llamo Debby. En mi clase escribimos un artículo para el periódico de la escuela. Todos los artículos tratan sobre algo. De lo que trata cada artículo se llama **idea principal.** Lee nuestro artículo. Busca la **idea principal.**

Un jardín para mariposas

Mis compañeros y yo queremos ayudar a cuidar la Tierra. Haremos un jardín para mariposas. Plantaremos flores que les gusten a las mariposas. Esperamos que muchas mariposas nos visiten pronto.

La **idea principal** está en la primera oración de nuestro artículo. Las otras oraciones dicen qué haremos para cuidar la Tierra.

Con tus propias palabras, puedes decir de qué trata un artículo. ¿Sobre qué trata nuestro artículo? ¡Trata acerca de una manera de cuidar la Tierra!

¡Inténtalo!

Escribe un artículo sobre algo que te guste hacer. Luego escribe en una oración la **idea principal** de tu artículo.

Diferentes estados del tiempo

Hoy hace mucho calor.

Mañana comenzaremos el jardín para las mariposas. ¡Qué bien! Espero que haga buen tiempo. El **tiempo** es el clima que hace al aire libre, en un lugar y a cierta hora. Voy a ver el boletín del tiempo para saber cómo estará mañana.

Ayer hizo calor y estuvo un poco nublado.

142

Si mañana
hace sol, vamos
a plantar flores.

Si mañana
llueve, vamos
a dibujar.

143

Yo vivo en California. Nuestra clase es amiga por correspondencia de una clase de Michigan. La maestra nos ayuda a enviarles mensajes electrónicos. Yo quisiera saber si mañana hará calor en Michigan.

San Diego, California

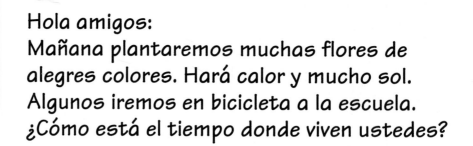

correo electrónico

Hola amigos:
Mañana plantaremos muchas flores de alegres colores. Hará calor y mucho sol. Algunos iremos en bicicleta a la escuela. ¿Cómo está el tiempo donde viven ustedes?

Sus amigos de California

Queridos amigos de California:
Hoy el tiempo está frío aquí. Ayer también hizo frío. Mañana se supone que hará frío otra vez. Jugaremos en la nieve durante el recreo.

Que se diviertan,
Sus amigos de Michigan

Detroit, Michigan

¿Qué aprendiste?

1. ¿De qué manera te hace decidir el tiempo lo que vas a hacer?

2. ¿Cuál es la **idea principal** en la carta de la clase de Michigan?

3. **Piensa y comenta** En un papel escribe las palabras *ayer, hoy* y *mañana*. Luego, dibuja el tiempo que hace cada día. Describe cada dibujo en una oración.

Leer una línea cronológica

Lunes   **Martes**   **Miércoles**

Debby y sus compañeros quisieron mostrar cómo puede cambiar el tiempo durante una semana de escuela. Así que hicieron una línea cronológica. Las **líneas cronológicas** muestran el orden en que pasan las cosas. Mira esta línea cronológica. Di cómo cambió el tiempo día a día.

Jueves

Viernes

¿Qué aprendiste?

1. ¿En qué día hizo mucho viento?

2. ¿Cómo estuvo el tiempo el jueves?

3. **Por tu cuenta** Haz una línea cronológica acerca de ti. Dibújate en el pasado, en el presente y en el futuro.

El tiempo y la diversión

Mira estas fotos de hace ya mucho tiempo. Muestran algunas cosas que se hacían según fuera el estado del tiempo. ¿Qué haces para divertirte cuando hace calor y hay sol? ¿Qué haces cuando hace frío o llueve?

Escuchar radio

Estos radios son muy antiguos. No importa cómo esté el tiempo, si queremos escuchar radio.

Patinar sobre hielo

El tiempo debe estar muy frío para patinar sobre hielo. Estos patines se usaban hace mucho tiempo.

¿Qué haces cuando hace calor y cuando hace frío?

Leer
Siempre podemos leer sin importar cuál sea el estado del tiempo.

Montar en bicicleta
Esta bicicleta tiene más de cien años. Es divertido montar en bicicleta cuando hace buen tiempo.

Estos objetos son del Smithsonian Institution.

Nuestra tierra y nuestra agua

En los distintos lugares de la Tierra hace diferentes tipos de tiempo. Las formaciones de tierra y de agua también son diferentes. Podemos hacer muchas cosas en la tierra y en el agua. En mi clase estamos recolectando ilustraciones de diferentes formaciones de tierra y de agua.

Una **montaña** es la formación de tierra más alta sobre nuestro planeta. En la cima de las montañas hace mucho frío y hasta puede nevar.

Una loma es una formación de tierra más alta que la tierra que la rodea. Una loma no es tan alta como una montaña. Las lomas tienen cimas redondeadas.

Una **llanura** es un terreno muy grande y plano. Las llanuras sirven para cultivar diferentes tipos de alimentos.

151

Un océano es una gran masa de agua salada que cubre parte de la Tierra. California está al lado del océano Pacífico.

Un **lago** es más pequeño que un océano. Los lagos están total o casi totalmente rodeados de tierra. La mayoría de los lagos tiene agua dulce, no salada.

Éste es un río. Un **río** es una masa de agua en forma alargada. Por lo general, el agua de los ríos corre hacia un lago o hacia el océano.

¿Qué aprendiste?

1. ¿Cuál es la diferencia entre una montaña y una llanura?

2. ¿Qué formaciones de tierra y de agua hay cerca de tu comunidad?

3. **Piensa y comenta** Dibuja personas que estén realizando alguna actividad en la tierra y en el agua. Describe cada dibujo en una oración.

Localizar la tierra y el agua

Debby sostiene un globo terráqueo. Un **globo terráqueo** es un modelo redondo de la Tierra. En un globo terráqueo puedes ver las partes de tierra y de agua. Las partes azules representan el agua. El resto representa la tierra. ¿Qué está señalando Debby?

Mira un globo terráqueo. Busca los Estados Unidos. Luego busca tu estado.

Tierra

Agua

154

¿Qué formaciones de tierra y de agua ves en el mapa?

Norte

Oeste

Este

Sur

Clave del mapa

Montaña

Río

Lago

Loma

Árbol

¿Qué aprendiste?

1. ¿Qué muestra un globo terráqueo? ¿En qué se parece a la Tierra?

2. ¿El río está al este o al oeste de las lomas?

3. **Por tu cuenta** Mira un mapa de tu estado. Nombra las formaciones de tierra y de agua que hay en tu estado.

Para más información, visita el *Atlas* en **www.estudiossocialessf.com**.

Los recursos de nuestra Tierra

La tierra, el agua y el aire son algunos de los recursos naturales de nuestro planeta. Un **recurso natural** es algo útil que viene de la naturaleza.

Necesitamos la tierra para cultivar alimentos. Necesitamos el agua para beber, cocinar y lavar. También necesitamos el aire para respirar. Todos estos recursos naturales satisfacen nuestras necesidades.

Los árboles son otro recurso natural.
Muchas cosas vienen de los árboles. Usamos
la madera de los árboles para construir
viviendas. Las frutas y las nueces que crecen
en los árboles nos sirven de alimento. Mira
los dibujos. ¿Qué otras cosas provienen
de los árboles?

Frutas

Nueces

Muebles

**Bloques de
madera**

Papel

El petróleo y la gasolina también son recursos naturales. Se encuentran bajo el suelo. Se usan para calentar nuestras casas y otros edificios. Parte del petróleo se convierte en la gasolina que usan los carros, autobuses, camiones, trenes y aviones.

De los pozos de petróleo se saca el petróleo que hay en el suelo.

Es importante cuidar nuestros recursos naturales. Nuestra clase escribió un informe sobre John Muir. Él quería ayudar a proteger los recursos naturales de nuestra Tierra.

John Muir

John Muir sabía que los recursos naturales son muy importantes. Él amaba la naturaleza. Escribió acerca de los recursos naturales y ayudó a fundar muchos parques nacionales.

¿Qué aprendiste?

1. Di tres necesidades que satisfacemos con recursos naturales.

2. ¿Cuál es la **idea principal** del informe sobre John Muir?

3. **Piensa y comenta** Dibuja un lápiz. ¿Qué recursos naturales se usan para fabricarlo?

Los Tree Musketeers son de El Segundo, California.

Tara

Los Tree Musketeers

Desde que Tara tenía ocho años ya quería ayudar a cuidar la Tierra. Entonces ella y un grupo de niños decidieron plantar un árbol en su comunidad.

Después, Tara ayudó a organizar el grupo llamado Tree Musketeers. Muchos voluntarios trabajan en el grupo. Ellos se sienten responsables de cuidar la Tierra. Una de sus actividades es pedir a la gente que plante árboles. ¡Gracias al trabajo de Tara y los Tree Musketeers hay más de un millón de árboles nuevos en la Tierra!

Los Tree Musketeers

VALORES CÍVICOS

Bondad

Respeto

⭐ Responsabilidad

Justicia

Honestidad

Valentía

Tara y los Tree Musketeers han recibido muchos premios por su labor. Un año, el grupo ganó el Premio Presidencial a las Obras Voluntarias.

Ahora Tara Church es una adolescente. Ella habla con otros jóvenes acerca del trabajo voluntario. Tara Church piensa que el trabajo voluntario es la mejor manera de hacer algo importante.

Los Tree Musketeers plantando árboles

⭐ La responsabilidad en acción ⭐

¿Cómo puedes ser más responsable al usar recursos naturales?

161

Conozcamos a Elvia Niebla

1945–
Científica

Elvia Niebla es una científica
que estudia los bosques.

Elvia Niebla nació en México. Cuando tenía seis años, su familia se mudó a Arizona. Desde niña, a Elvia le gustaba la ciencia. Más adelante, fue a la escuela a estudiar acerca de los árboles y los suelos. Aprendió que muchas cosas causan daño a estos recursos naturales. Pero también aprendió que hay maneras de protegerlos.

Elvia Niebla ha ayudado a crear varias reglas para proteger los suelos. También realiza experimentos científicos sobre cómo algunos materiales y los cambios del clima afectan los suelos. Ella sabe que para proteger nuestros bosques, debemos mantener limpios el aire y el agua. Elvia Niebla cree que debemos trabajar juntos para proteger nuestros recursos naturales.

Elvia Niebla nació en Nogales, México.

Piensa y comenta

¿De qué manera ayuda a cuidar los bosques Elvia Niebla?

Para más información, visita *Personajes de la historia* en **www.estudiossocialessf.com**.

Entrevista sobre la historia de la agricultura

Mi familia y yo fuimos a visitar a unos amigos en Iowa. Nuestros amigos viven en una granja. Un día, fuimos a un lugar llamado "Granjas de la Historia en Vivo". La **historia** son relatos sobre personas y lugares del pasado. La historia también nos cuenta cosas que sucedieron hace tiempo.

¿Quiénes fueron los primeros granjeros de Iowa?

Sra. Waters Los primeros granjeros de Iowa fueron los indígenas norteamericanos ioways. Ellos quizá cultivaban la tierra que estamos pisando ahora.

Debby ¿Qué cultivaban los ioways?

Sra. Waters Cultivaban muchas cosas, como maíz, frijol y varios tipos de calabaza.

Después de los ioways, muchas otras personas vinieron a vivir a Iowa. Algunas de ellas también eran granjeros.

Debby ¿Cómo eran sus granjas?

Sra. Waters En ellas había maíz, papa y otros alimentos. Tenían bueyes. Estos animales fueron muy útiles para el trabajo pesado de la granja.

Esta línea cronológica muestra cómo ha cambiado la agricultura.

| 1700 | 1850 | Presente |

Sra. Waters La agricultura fue cambiando a través del tiempo. Algunos granjeros empezaron a usar caballos en vez de bueyes.

Debby Ahora los granjeros usan más herramientas, como los tractores, para el trabajo agrícola.

¿Qué aprendiste?

1. ¿Quiénes fueron los primeros granjeros de Iowa?

2. ¿De qué manera ha cambiado la agricultura a través del tiempo?

3. **Piensa y comenta** Dibuja una granja del pasado y una granja de hoy. Di cómo crees que será una granja en el futuro.

Conozcamos a Sacagawea

alrededor de 1786–1812

Ayudó a Lewis y a Clark

Sacagawea es un personaje importante en la historia de nuestro país. Ella fue una indígena shoshone que ayudó a los exploradores hace mucho tiempo.

Para más información, visita *Personajes de la historia* en **www.estudiossocialessf.com**.

Cuando niña, Sacagawea vivía en una aldea shoshone en las montañas Bitterroot, en donde ahora es Idaho. Años después, los indígenas hidatsas la llevaron a vivir y a trabajar a su aldea, en donde ahora es Dakota del Norte.

En 1805 y 1806, un grupo de exploradores viajaba a través de los Estados Unidos. Los líderes del grupo eran Meriwether Lewis y William Clark. Buscaban una ruta hacia el océano Pacífico.

Sacagawea ayudó a Lewis y a Clark en su viaje. Les mostró cómo hallar alimentos. Durante el viaje, Lewis y Clark encontraron a otros indígenas norteamericanos que no hablaban inglés. Sacagawea traducía, o pasaba las palabras de un idioma al otro, para que Lewis y Clark entendieran. Con la ayuda de Sacagawea, Lewis y Clark llegaron al océano Pacífico.

Cuando era niña, Sacagawea vivió en las montañas Bitterroot, ubicadas donde ahora es Idaho.

Un dibujo de Sacagawea aparece en las monedas de oro de un dólar.

Piensa y comenta

Di dos maneras en que Sacagawea ayudó a los exploradores.

Cuidemos los recursos naturales

Sacagawea viajó con Lewis y Clark por muchas tierras. La tierra es un recurso natural. En nuestra clase estamos aprendiendo cómo cuidar los recursos naturales. Cumplimos con la regla de las 3 R: reducir, reutilizar y reciclar.

¡Reduce! Usa menos papel. Así salvarás muchos árboles.

170

¡Por favor, reutiliza!

1. Dale la vuelta al papel. Escribe por los dos lados.
2. Guarda las bolsas plásticas de las compras. Reutilízalas.

¡Por favor, reduce!

1. En los viajes cortos, camina en vez de ir en carro. Esto reducirá la cantidad de gasolina y petróleo que se usa.
2. Cierra el grifo del agua mientras te cepillas los dientes. Esto reducirá la cantidad de agua que usas.
3. Apaga la luz cuando salgas de una habitación. Esto reducirá la cantidad de energía que usas.

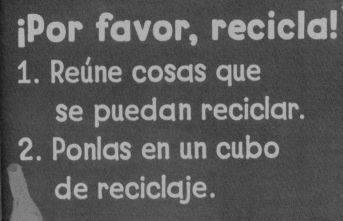

¡Por favor, recicla!
1. Reúne cosas que se puedan reciclar.
2. Ponlas en un cubo de reciclaje.

¡Recicla! Las cosas que reciclas se pueden convertir en cosas nuevas.

172

¡Nosotros reciclamos!

Papel   Latas
Plásticos   Vidrio

Esto es lo que reciclamos en nuestra clase.
¿Qué puedes reciclar en tu escuela?
¿Qué puedes reciclar en tu casa?

¿Qué aprendiste?

1. ¿De qué manera cuidas la Tierra cuando reduces, reutilizas y reciclas?

2. ¿Cuál es la **idea principal** de esta lección?

3. **Piensa y comenta** Escribe en tu diario cómo puedes reducir, reutilizar y reciclar todos los días.

Animales en peligro de extinción

Al proteger la Tierra, protegemos también a los animales. Algunos animales están en peligro de extinción.

AMÉRICA DEL NORTE

OCÉANO ATLÁNTICO

OCÉANO PACÍFICO

AMÉRICA DEL SUR

Estados Unidos
Cóndor de California

Océano Pacífico
Ballena azul

174

En peligro de extinción significa que quedan muy pocos de estos animales. Algún día, algunos de los animales en peligro de extinción podrían desaparecer para siempre de la Tierra. Las fotos muestran algunos de esos animales.

Para más información, visita el *Atlas* en **www.estudiossocialessf.com**.

OCÉANO GLACIAL ÁRTICO

EUROPA

ASIA

ÁFRICA

OCÉANO ÍNDICO

AUSTRALIA

ANTÁRTIDA

China
Panda gigante

India
Tigre

República Democrática del Congo
Gorila de montaña

Johnny Appleseed

John Chapman vivió hace muchos años. Sembró tantas semillas de manzana que comenzaron a llamarlo Johnny Appleseed (*apple* quiere decir "manzana" y *seed* quiere decir "semilla"). Por más de 200 años, se han contado muchos cuentos sobre él.

Johnny creció cerca de un manzanal. Cuando dejó su casa, fue limpiando la tierra y sembrando semillas de manzana por todas partes. Los árboles de manzana pronto comenzaron a crecer. Johnny Appleseed sembró muchos manzanales.

La gente comenzó a contar cuentos sobre Johnny Appleseed. Unos decían que lo había mordido una serpiente de cascabel. También decían que la serpiente no le había causado daño porque sus pies eran muy fuertes. Otros decían que lo habían visto jugando con una familia de osos.

Hoy, todavía se recuerda la leyenda de Johnny Appleseed. ¡Algunos hasta dicen que lo han visto sembrando sus semillas de manzana!

Repaso

Repaso del vocabulario

Di qué palabra completa cada oración.

recurso natural

río

montaña

lago

1. Algo útil que viene de la Tierra se llama _____.

2. A una masa de agua rodeada de tierra se le llama _____.

3. A una masa de agua en forma alargada se le llama _____.

4. A la formación de tierra más alta en nuestro planeta se le llama _____.

★ ★ ★ ★ ★ ★ ★ ★ ★

LISTOS para los EXÁMENES

¿Qué palabra completa cada oración?

1. El relato sobre personas y lugares del pasado se llama _____.

a. tiempo   **b.** reciclar

c. historia   **d.** recurso natural

2. Soleado es un tipo de _____.

a. montaña   **b.** tiempo

c. llanura   **d.** recurso natural

Repaso de las destrezas

🎯 Buscar la idea principal

Lee las siguientes oraciones.

> Debby recicla todos los días. Ella recoge las latas vacías. Debby guarda el papel donde escribe o dibuja. Ella guarda el periódico que su familia lee todos los días. Debby y su familia llevan las latas y el papel al centro de reciclaje del pueblo.

¿Cuál es la idea principal?

a. latas vacías

b. ir al pueblo

c. reciclar

d. ahorrar papel

En los exámenes

Busca detalles que apoyen tu respuesta.

★ ★ ★ ★ ★ ★ ★ ★ ★

Localiza tierra y agua

Haz un mapa que tenga una clave. Muestra la tierra y el agua. Dibuja símbolos en la clave del mapa. Ponles nombres a los símbolos para mostrar diferentes formaciones de tierra y de agua.

Destrezas de estudio

Leer una línea cronológica

Debby dibujó una línea cronológica para mostrar lo que hizo todos los días después de clases. Usa la línea cronológica para responder las preguntas.

| Lunes | Martes | Miércoles | Jueves | Viernes |

1. ¿Cuántos días puso Debby en su línea cronológica?

2. ¿Qué día montó en bicicleta Debby?

3. ¿Qué hizo Debby el martes?

Destrezas por tu cuenta

Haz una línea cronológica con cinco cosas que pasaron en tu escuela esta semana. Escribe cada día de la semana. Haz dibujos para mostrar lo que pasó cada día.

¿Qué aprendiste?

1. Describe dos estados del tiempo.

2. Nombra algunos recursos naturales que necesitas para vivir.

3. Nombra tres maneras en que podemos cuidar la Tierra.

4. **Escribe y comenta** Escribe acerca de los recursos naturales de tu comunidad. Escribe la **idea principal** en la primera oración. Escribe otras oraciones que digan cómo se pueden usar los recursos naturales.

Lee acerca de la Tierra

Busca libros como éstos en la biblioteca.

Proyecto 4

Informe sobre el estado del tiempo

Crea tu propio programa de televisión sobre el estado del tiempo.

1 Elige un estado del tiempo.

2 Dibuja o construye algo que muestre el estado del tiempo que elegiste.

3 Presenta un informe de televisión sobre el estado del tiempo a la clase. Muestra lo que hiciste para describir el estado del tiempo.

4 Pregunta a tus compañeros qué aprendieron con tu informe.

Actividad en la Internet

Visita www.estudiossocialessf.com/actividades para aprender más sobre el estado del tiempo.

Éste es nuestro país

¿Por qué es importante el pasado de nuestro país?

Los días festivos

por Elyn Alonso

 **Con la música de
"Los elefantes"**

Cuando tenemos días festivos
es muy bonito celebrar
con reuniones juntos en casa
o viendo carrozas desfilar.

Cenas, regalos, bailes, cohetes,
piñatas y música en vivo.
Cada país y cada cultura
tiene sus días festivos.

185

Vocabulario ilustrado

libertad

Colonia
de Virginia

OCÉANO
ATLÁNTICO

colonia

día festivo

presidente

Ciudadano
del año

Bienvenidos
Desfile del
4 de Julio

Símbolos
de
libertad

Rhode Island

Carolina
del Norte

Nueva Jersey

Carolina
del Sur

Connecticut

Virginia

Maryland

Georgia

Pennsylvania

New Hampshire

Delaware

Massachusetts

Nueva York

13 colonias

ciudadano

voto

capital

El cuento de James

Destreza clave

Recordar y volver a contar

¡Hola! Me llamo James. Escribí un cuento sobre un indígena cheyene llamado Pequeño Conejo. Lee mi cuento para que conozcas a Pequeño Conejo.

Pequeño Conejo

Hace mucho tiempo vivió un niño llamado Pequeño Conejo. Le gustaba apostar carreras con sus amigos. Él era muy veloz. Ganaba casi todas las carreras.

Pequeño Conejo era un indígena cheyene. Vivía en las Grandes Llanuras. Pequeño Conejo vivía con su familia en un tipi. Cuando se mudaban de un lugar a otro, ¡simplemente doblaban el tipi y se lo llevaban!

Los mejores momentos de Pequeño Conejo eran los que pasaba con su padre. Él le enseñaba muchas cosas. Le enseñó a cazar con arco y flecha para conseguir alimentos. También le enseñó a montar a caballo.

Recordar es pensar en algo que has leído o escuchado. **Volver a contar** es decirlo o escribirlo usando tus propias palabras. Piensa en el cuento que escribió James. Cuéntalo con tus propias palabras.

Familia cheyene

¡Inténtalo!

Haz tres dibujos que muestren lo que **recuerdas** de Pequeño Conejo. Usa los dibujos para **volver a contar** el cuento con tus propias palabras.

Muñeco indígena norteamericano

1

Los indígenas norteamericanos

Los primeros habitantes de América del Norte fueron los indígenas norteamericanos.

Mira el mapa. Nos muestra los lugares en donde vivían algunos de ellos. Hoy todavía viven muchos indígenas en todos los Estados Unidos.

En América del Norte vivían muchos grupos de indígenas.

Chinook

Lakota

Wampanoag

Pueblo

190

Algunos grupos de indígenas cazaban para conseguir alimento. Otros grupos cultivaban maíz, frijol y calabaza. Había otros que pescaban.

Vivienda de los indígenas pueblo

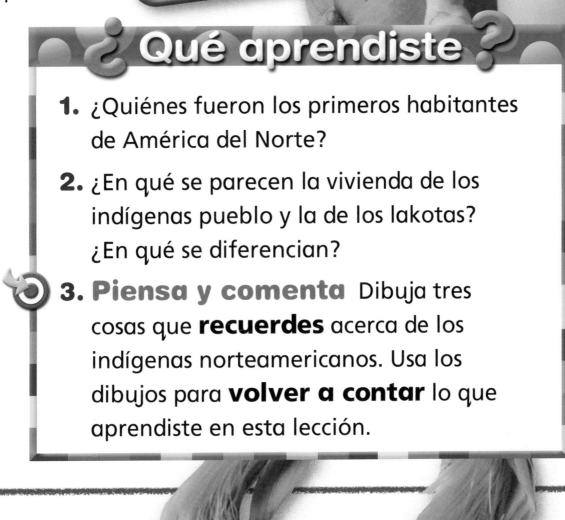

¿ Qué aprendiste ?

1. ¿Quiénes fueron los primeros habitantes de América del Norte?

2. ¿En qué se parecen la vivienda de los indígenas pueblo y la de los lakotas? ¿En qué se diferencian?

3. Piensa y comenta Dibuja tres cosas que **recuerdes** acerca de los indígenas norteamericanos. Usa los dibujos para **volver a contar** lo que aprendiste en esta lección.

Leer un diagrama

Los indígenas norteamericanos tenían diferentes tipos de casas. Un tipo de casa eran las viviendas cavadas. La foto que aparece abajo es de una vivienda cavada. Los indígenas hacían fuego dentro de las viviendas para cocinar y mantenerse abrigados. El humo del fuego salía por un hoyo en el techo de la vivienda.

Mira este diagrama de una vivienda cavada. Un **diagrama** muestra las partes de algo. Nombra las partes de la vivienda que ves en este diagrama.

Entrada

Techo

Hoyo en el techo

¡Inténtalo!

1. ¿Qué muestra un diagrama?

2. ¿Por dónde entraban los indígenas a la vivienda?

3. **Por tu cuenta** Haz un diagrama que muestre una habitación de tu casa. Ponle el nombre a cada parte.

Objetos indígenas

Los indígenas norteamericanos fabricaban muchas de las cosas que usaban.

Canasto aleute
Los aleutes son indígenas norteamericanos que viven en Alaska. Ellos fabrican bonitos canastos, como éste.

Tazón sinagua
Los sinaguas, que vivieron en Arizona hace mucho tiempo, fabricaban tazones como éste.

¡Mira estos objetos fabricados por indígenas norteamericanos!

Juguetes

Los indígenas pueblo fabricaban juguetes como éste.

Canasto para regalos

Este canasto para regalos, decorado con plumas y conchas, fue fabricado por los pomos, de California.

Colección indígena norteamericana

Vasija para el agua

Esta vasija para el agua fue fabricada por los pueblo acomas, que viven en Nuevo México. El pájaro que adorna la vasija es un papagayo.

Tazón hopi

Este tazón tiene un diseño tradicional de los hopis.

Estos objetos son del Smithsonian Institution.

195

Los primeros viajeros hacia las Américas

Cristóbal Colón no sabía de la existencia de las Américas ni de quienes vivían allí. Hace mucho tiempo, Colón navegó desde España hasta América. España es un país de Europa. El rey y la reina de España querían que Colón fuera en busca de oro y otras riquezas.

Éstos son los nombres de los barcos en que navegó Colón.

América del Norte

Santa   María

Colón y su tripulación navegaron durante mucho tiempo. El 12 de octubre de 1492, los barcos de Colón llegaron a una isla cerca de lo que hoy en día es América del Norte. Los habitantes de esta isla se llamaban los taínos. Cristóbal Colón no encontró oro. Sin embargo, encontró gente y un lugar que en Europa no sabían que existía.

Todos los años, recordamos el día en que Colón llegó a esa isla. Es el Día de la Hispanidad, que celebramos cada segundo lunes de octubre.

Cristóbal Colón

Niña

Pinta

España

El *Mayflower*

Años después, un grupo de personas, que llamamos peregrinos, salieron de Inglaterra para venir a América del Norte. Navegaron en un barco llamado el *Mayflower*.

Los peregrinos querían tener libertad. La **libertad** es el derecho que tenemos para decidir. Los peregrinos querían tener libertad para practicar su propia religión.

¡Los peregrinos vinieron de muy lejos!

América del Norte

Mayflower

Inglaterra

Los peregrinos construyeron una aldea que llamaron Plymouth. Los indígenas wampanoags salvaron a los peregrinos al enseñarles a cultivar maíz y otras plantas. También les enseñaron a pescar.

Los peregrinos estaban agradecidos y celebraron con los wampanoags. Hoy tenemos un día especial para dar gracias. Lo llamamos Día de Acción de Gracias.

¿Qué aprendiste?

1. ¿Por qué celebramos el Día de la Hispanidad y el Día de Acción de Gracias?

2. ¿Por qué es importante la libertad?

3. **Piensa y comenta** Haz un dibujo de cómo se celebraba el Día de Acción de Gracias en el pasado y de cómo lo celebras hoy. Di en qué se parecen los dibujos y en qué se diferencian.

Usar un mapa de historia

Un **mapa de historia** muestra lugares o rutas del pasado. Mira este mapa.

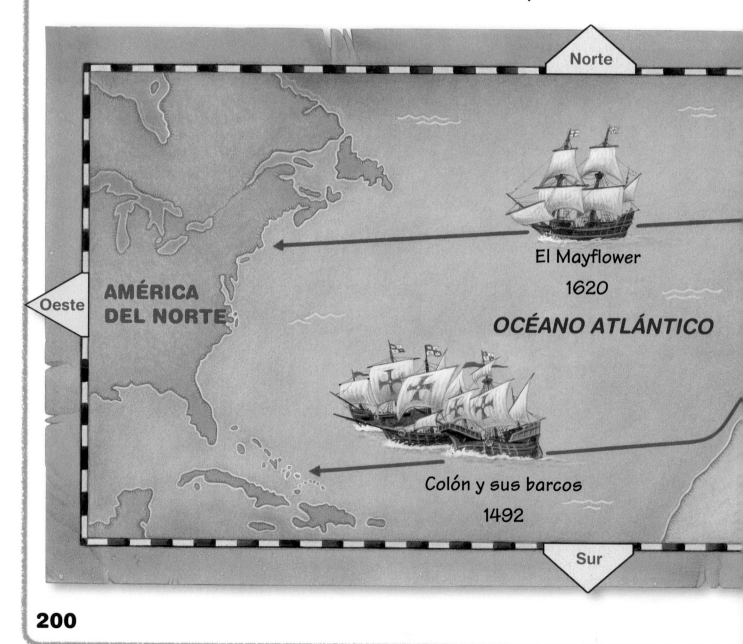

Norte

Oeste

AMÉRICA DEL NORTE

El Mayflower
1620

OCÉANO ATLÁNTICO

Colón y sus barcos
1492

Sur

Con tu dedo en el mapa, sigue la ruta de Colón. Luego, sigue la ruta del *Mayflower*.

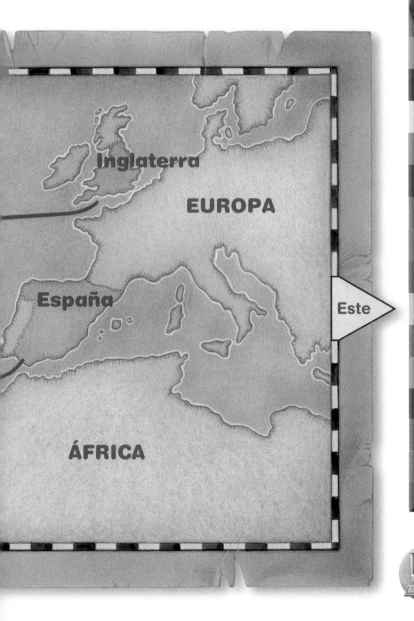

Inglaterra

EUROPA

España

Este

ÁFRICA

¡Inténtalo!

1. Cuando Colón salió de España, ¿navegó hacia el este o hacia el oeste?

2. ¿Por cuál océano navegó el *Mayflower?*

3. **Por tu cuenta** Escribe oraciones que digan lo que muestra este mapa de historia.

Para más información, visita el *Atlas* en **www.estudiossocialessf.com**.

Las colonias logran la libertad

Después de los peregrinos, más personas vinieron a América del Norte. Estas personas vivían en lugares llamados colonias. Una **colonia** es un lugar gobernado por un país que queda lejos. Después de un tiempo, había 13 colonias en América del Norte. Estas colonias eran gobernadas por Inglaterra y su rey.

Williamsburg quedaba en la colonia de Virginia.

Muchos colonos no querían ser gobernados por Inglaterra. No querían cumplir sus leyes. Querían ser libres. El 4 de julio de 1776, un grupo de líderes de las colonias hicieron un documento importante llamado la Declaración de Independencia. En este documento escribieron que todos teníamos el derecho a ser libres. Hoy en día, el Día de la Independencia se celebra el 4 de julio.

Los colonos entraron en guerra contra Inglaterra para conseguir la libertad. La guerra duró muchos años. George Washington fue un famoso líder de esta guerra. Dirigió muchas batallas en contra de los soldados ingleses.

Washington dirige a sus soldados.

Nathan Hale era un maestro. Se convirtió en soldado en el ejército de George Washington. Se ofreció para espiar a los soldados ingleses. Los ingleses lo capturaron. Nathan Hale dijo: "Lo único que lamento es tener tan solo una vida para dar por mi país". Murió en 1776.

Nathan Hale
1755–1776

El general George Washington y sus soldados ayudaron a las colonias a ganar la guerra contra Inglaterra. Después de la guerra, las colonias formaron un país. El país se llamó los Estados Unidos de América.

George Washington fue un héroe.

¿Qué aprendiste?

1. ¿Por qué muchos colonos querían ser libres?

2. ¿Por qué celebramos el Día de la Independencia el 4 de julio?

3. **Piensa y comenta** Comenta con un compañero cómo celebra cada uno el Día de la Independencia. ¿En qué se parecen las celebraciones? ¿En qué se diferencian?

Conozcamos a Benjamin Franklin

1706–1790
Escritor, inventor y político

Ben Franklin fue un líder famoso. Ayudó a las colonias a ser libres.

De niño, Ben sólo asistió a la escuela durante unos dos años. Pero él quería seguir aprendiendo. Aprendió matemáticas por su cuenta. Le gustaba mucho leer. Cuando creció, compró su propio periódico. El periódico tuvo mucho éxito.

Benjamin Franklin también escribió libros. Escribió un libro llamado *Poor Richard's Almanack,* que llegó a ser muy famoso.

Benjamin Franklin nació en Boston, Massachusetts.

Benjamin Franklin también fue inventor. Inventó la mecedora y un tipo especial de anteojos.

Benjamin Franklin deseaba ayudar a su país. Firmó la Declaración de Independencia. Más adelante, fue a hablar con el rey de Francia. Le pidió ayuda para independizar a las colonias. El rey aceptó. Con la ayuda de Francia, las 13 colonias ganaron la guerra contra Inglaterra.

Piensa y comenta

¿Por qué es importante Benjamin Franklin en la historia de nuestro país?

Para más información, visita *Personajes de la historia* en **www.estudiossocialessf.com.**

Los símbolos de nuestro país

La Estatua de la Libertad representa la esperanza y la libertad.

En nuestro país tenemos diferentes símbolos.

El Monumento a Washington se construyó en honor a George Washington.

La Campana de la Libertad representa la libertad.

Foto

Diagrama

Campana

Grieta

Badajo

El Arco Gateway es un símbolo del crecimiento de nuestro país hacia el Oeste.

El Álamo es un símbolo que representa la valentía de los que lucharon por la libertad en Texas.

En 1782, se nombró al águila de cabeza blanca como el ave de nuestro país.

¿Qué aprendiste?

1. ¿Qué pueden representar los símbolos?

2. Mira el diagrama de la Campana de la Libertad. ¿Qué parte está dentro de la campana?

3. **Piensa y comenta** Dibuja un nuevo símbolo para nuestro país. Explica qué representa tu símbolo.

El lema de nuestro país es "En Dios confiamos". Un lema es un refrán que tratamos de seguir en nuestra vida. El lema de nuestro país representa la libertad y la confianza.

La bandera de nuestro país

La bandera de nuestro país es un símbolo famoso de libertad. Mira los dibujos. Muestran cómo ha cambiado nuestra bandera desde el pasado hasta el presente.

Las franjas representan el número de estados que el país tenía cuando obtuvo la libertad. Las 50 estrellas representan cada uno de los 50 estados.

1776

1795

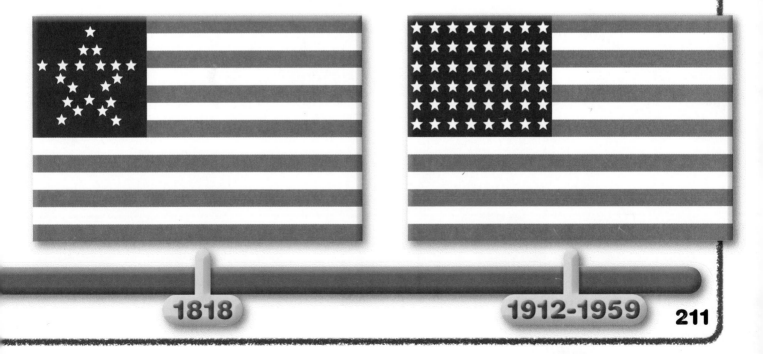

Ésta es nuestra bandera hoy en día.

Taller de historia

Dibuja un lugar donde hayas visto ondear la bandera de nuestro país.

1818

1912-1959

Celebramos los días festivos

Izamos la bandera de los Estados Unidos en muchos días festivos. Un **día festivo** es un día especial. Celebramos unos días festivos en honor a algunas personas importantes. Celebramos otros días festivos en honor a hechos importantes de la historia de nuestro país.

Celebración del Día de la Independencia

212

El Día de los Caídos y el Día de los Veteranos son dos días festivos. En estos días, los estadounidenses honran a quienes lucharon en las guerras de nuestro país.

Celebración del Día de los Caídos

HONORING VETERANS 34 USA
Continuing to Serve
2001 USPS

Celebración del Día de los Veteranos

En enero celebramos el Día de Martin Luther King, Jr. En este día festivo, honramos a Martin Luther King, Jr.

El Dr. King creía que todos deberíamos tener el derecho a ser tratados con justicia. Trabajó mucho para que los afroamericanos fueran tratados con respeto. Quería que todos los estadounidenses recibieran el mismo trato. El 15 de enero era su cumpleaños.

En febrero celebramos el Día de los Presidentes. El **presidente** es el líder de nuestro país. En este día festivo honramos a George Washington y Abraham Lincoln. Ambos presidentes nacieron en febrero.

George Washington nació en Virginia. Fue granjero. Después, fue el primer presidente de nuestro país. Lo llamamos el "Padre de la Patria".

George Washington

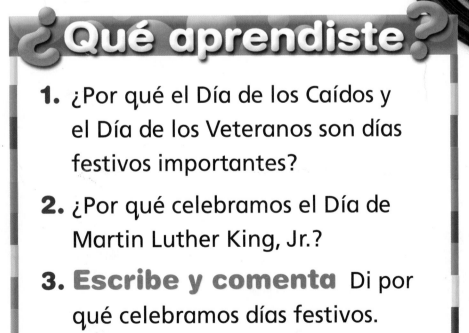

Abraham Lincoln

¿Qué aprendiste?

1. ¿Por qué el Día de los Caídos y el Día de los Veteranos son días festivos importantes?

2. ¿Por qué celebramos el Día de Martin Luther King, Jr.?

3. **Escribe y comenta** Di por qué celebramos días festivos.

Conozcamos a Abraham Lincoln

1809–1865
Presidente de
los Estados Unidos

A Abraham Lincoln se le conocía como "El Honesto Abe". Fue el presidente número 16 de los Estados Unidos.

La familia de Abe era muy pobre. No podían mandarlo con mucha frecuencia a la escuela. Sin embargo, aprendió muchas cosas por su cuenta. Le gustaba leer libros y contar cuentos. A la gente le agradaba escucharlo. Pensaban que era un buen orador. Abraham Lincoln trabajó duro y se graduó de abogado. Más tarde, fue elegido presidente de los Estados Unidos.

Abraham Lincoln fue el líder de nuestro país durante una época en la que hubo una guerra entre los estados. Los estados combatían por muchas razones. Una de estas razones era que algunos estados querían que los afroamericanos fueran libres. Otros estados no lo querían. Abraham Lincoln luchó para mantener unido a nuestro país. Él ayudó a los afroamericanos a lograr la libertad.

Abraham Lincoln nació cerca de Hodgenville, Kentucky.

El sombrero de Lincoln

Piensa y comenta

¿Por qué recordamos a Abraham Lincoln como uno de nuestros presidentes más importantes?

Para más información, visita *Personajes de la historia* en **www.estudiossocialessf.com**.

La casa de Lincoln cuando era niño

Escoger los líderes de nuestro país

Soy un ciudadano de los Estados Unidos. Un **ciudadano** es un miembro de un estado y de un país. Los ciudadanos adultos de los Estados Unidos tienen el derecho a dar su voto para elegir a nuestros líderes. El **voto** es una opinión que se cuenta.

Usted hace la diferencia

218

Cada ciudadano vota una vez.
Cuando se termina la votación, se
cuentan todos los votos. Quien
tenga más votos es el ganador.

VOTE HOY

VOTE ★ Elija al presidente

VOTE ★★★ AHORA

Reelijamos al alcalde

Su voto cuenta

El líder de cada estado se llama gobernador. Los ciudadanos de cada estado votan para elegir a su gobernador. El gobernador trabaja con los otros líderes del estado para crear las leyes de su estado.

Cada estado tiene una capital. La **capital** es la ciudad donde viven y trabajan los líderes importantes del estado o del país. ¿Cuál es la capital de tu estado? Búscala en un mapa.

El *gobernador* de Indiana trabaja en Indianápolis.

Nuestro país también tiene una capital. Se llama Washington, D.C. El presidente de los Estados Unidos vive y trabaja en la capital del país.

Washington, D.C., es la capital de los Estados Unidos.

El presidente trabaja con otros líderes para crear las leyes de nuestro país. También trabaja con otros líderes del mundo. En nuestro país, los ciudadanos votan cada cuatro años para elegir al presidente.

¿Qué aprendiste?

1. ¿De qué manera el voto de una persona ayuda a decidir quién va a ser el líder?

2. ¿Quién es el líder de tu estado? ¿Quién es el líder de tu país?

3. **Piensa y comenta**
   Recuerda tres cosas que aprendiste sobre el presidente de los Estados Unidos. **Vuelve a contar** lo que aprendiste.

Eleanor Roosevelt nació en la Ciudad de Nueva York, Nueva York.

Eleanor Roosevelt

Cuando Eleanor era niña, era muy tímida. Cuando creció, logró sentirse más cómoda en su relación con la gente. Se casó con un hombre llamado Franklin Roosevelt. Roosevelt fue nuestro presidente número 32.

Eleanor Roosevelt se dio cuenta de que el país tenía problemas. Decía la verdad de lo que veía. Ayudó a los pobres. Trabajó duro para que todos tuvieran igualdad de derechos.

La joven Eleanor

VALORES CÍVICOS

Bondad

Respeto

Responsabilidad

Justicia

⭐ Honestidad

Valentía

Eleanor Roosevelt escribió muchos libros y artículos de periódico. Era honesta. Decía y escribía lo que pensaba.

Eleanor Roosevelt viajó por el mundo muchas veces. Visitó muchos países y conoció a muchos líderes del mundo.

The Autobiography of
ELEANOR ROOSEVELT

Eleanor Roosevelt's own story
including material from
her memoirs, This Is My Story
This I Remember and
On My Own

With a new Introduction by
John Roosevelt Boettiger

⭐ **La honestidad en acción** ⭐

¿De qué manera sirvió la honestidad de Eleanor Roosevelt a las demás personas?

The Star-Spangled Banner

by Francis Scott Key

Oh, say! can you see,
by the dawn's early light,

What so proudly we hailed
at the twilight's last gleaming?

Whose broad stripes and bright stars,
through the perilous fight,

O'er the ramparts we watched
were so gallantly streaming?

And the rockets' red glare,
the bombs bursting in air,

Gave proof through the night
that our flag was still there.

O say, does that Star-Spangled
Banner yet wave

O'er the land of the free
and the home of the brave?

por Francis Scott Key

Oh, díganme,
¿ven a la primera luz de la aurora

La que izamos con orgullo
al último rayo del crepúsculo?

¿La de anchas franjas
     y brillantes estrellas,
que en la fiera lucha,

Contemplamos ondeando
gallardas sobre las murallas?

El resplandor rojizo de los cohetes
y el fragor de las bombas

Probaban que por la noche
nuestra bandera aún estaba allí.

Oh, díganme, ¿ondea todavía
la bandera de franjas y estrellas

Sobre la tierra de los libres
y la patria de los valientes?

Repaso del vocabulario

voto
día festivo
presidente
capital

Une cada palabra con el dibujo que le corresponde.

1.

2.

3.

4.

★ ★ ★ ★ ★ ★ ★ ★ ★

LISTOS para los EXÁMENES

¿Qué palabra completa cada oración?

1. Los peregrinos vinieron a América del Norte en busca de_____.

   a. un día festivo   **b.** riquezas

   c. libertad   **d.** oro

2. Un miembro de un estado y de un país es un _____.

   a. ciudadano   **b.** capital

   c. día festivo   **d.** voto

Repaso de las destrezas

Recordar y volver a contar

Haz una lista de lo que aprendiste acerca de Nathan Hale. Lee la lista. Después, guárdala. Trata de **recordar** lo que dice la lista y **vuelve a contar** lo que recuerdes a un compañero o compañera.

Usar un mapa de historia

Ben Franklin viajó a Francia en 1776. Mira el mapa para contestar estas preguntas.

1. ¿En qué dirección viajó Ben Franklin para llegar a Francia?

2. ¿Qué océano atravesó?

3. ¿Qué continente queda al sur de Francia?

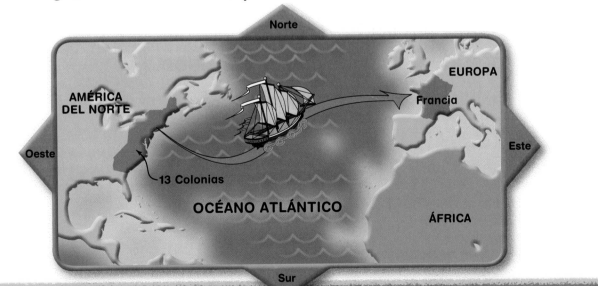

Destrezas de estudio

Leer un diagrama

Mira el diagrama de la Estatua de la Libertad. Usa el diagrama para contestar las preguntas.

1. ¿Cuál es la parte más alta de la estatua?

2. ¿Qué hay sobre la cabeza de la estatua?

3. ¿Dónde puedes pararte para mirar hacia abajo?

Destrezas por tu cuenta

Haz un diagrama de una moneda de un centavo. Ponle nombre a las partes. ¿Cuál presidente de los Estados Unidos está dibujado en la moneda?

En los exámenes

Usa el diagrama para encontrar la respuesta correcta.

Antorcha

Corona

Mirador

¿Qué aprendiste?

1. Di qué representan la bandera de los Estados Unidos y la Campana de la Libertad.

2. Nombra tres estadounidenses importantes que honramos en días festivos.

3. ¿Qué hace un gobernador?

4. **Escribe y comenta** Escribe acerca de las razones por las que sientes orgullo de ser estadounidense o de vivir en este país.

Lee acerca de nuestro país

Busca libros como éstos en la biblioteca.

Proyecto 5

Un desfile histórico

Organiza un desfile sobre un hecho de la historia.

1 **Elige** algo que haya pasado hace mucho tiempo.

2 **Dibuja** o haz objetos que muestren lo que pasó.

3 **Cuenta** lo que pasó.

4 **Coloca** los objetos en fila en el orden en que pasaron los hechos. Lo primero debe ir al comienzo de la fila. Lo último que pasó debe ir al final. Desfila alrededor de tu salón.

Actividad en la Internet

Visita www.estudiossocialessf.com/actividades para aprender más sobre la historia de los Estados Unidos.

Nuestro país, nuestro mundo

¿Qué lugar del mundo te gustaría visitar?

¡A conocer el mundo!

por Mónica Paladino

 Con la música de "La bamba"

¡A conocer el mundo! ¡A conocer el mundo!
Yo te invito a que viajes conmigo,
a que viajes conmigo por tren o barco
o tal vez en avión.

Y arriba y arriba y arriba irás.
Un montón de lugares, un montón de lugares
conocerás, conocerás, conocerás.
¡Mundo, mundo! ¡Mundo, mundo!

Vocabulario ilustrado

mercado

comunicar

invento

escolar

Mercado de antojitos
Comidas de todo el mundo

Mali

China

Grecia

MÉXICO

Boletos

inventor

mundo

Los abuelos de Kay

Predecir

Destreza clave

¡Hola! Me llamo Kay. Mis abuelos acaban de llegar de visita. Han viajado a muchos países. Me trajeron regalos de algunos de ellos. Del Japón me trajeron un abanico. De México, ropa y otros regalos. De Australia, muñecos de peluche.

Ahora quiero darles un regalo a mis abuelos. Podría hacerles un dibujo. O podría hacerles una tarjeta. También podría regalarles flores.

Es el momento para predecir. **Predecir** significa decir lo que piensas que va a pasar. ¿Qué piensas que les voy a regalar a mis abuelos?

Decidí hacerles un dibujo de mí misma. Mis abuelos dijeron que les gustó mucho. ¿Hice lo que pensaste que haría?

Inténtalo

El cielo está muy oscuro y nublado. **Predice** cómo va a estar el tiempo hoy.

Visita al mercado

¡Mañana vamos a celebrar el Día de los Abuelos en mi escuela! Muchos abuelos nos van a visitar. Traerán comidas especiales a nuestra clase.

Mis abuelos y yo fuimos al mercado a comprar lo que necesitábamos para llevar a la escuela. Un **mercado** es un lugar en donde se venden mercancías.

El plato que vamos a llevar se prepara con verduras. Escogimos las verduras que necesitábamos.

Las personas que trabajan en el mercado prestan servicios. Un trabajador pesó las verduras y escribió el precio.

¿Qué aprendiste?

1. ¿Qué mercancías compraron Kay y sus abuelos?

2. ¿Qué servicio usaron?

3. Kay y sus abuelos escogieron lo que querían comprar. Luego, llevaron todo a la parte de adelante de la tienda. **Predice** qué pasará después.

Tomar decisiones

La clase de Kay tuvo que decidir cómo decorar el salón de clase para el Día de los Abuelos. Éstos son los pasos que siguieron para tomar la decisión.

Paso 1 Decir qué decisión hay que tomar.

¿Cómo lo decoramos?

Paso 2 Reunir información.

¿Cuántos adornos tenemos ya?

Paso 3 Hacer una lista de las opciones.

¿Cómo lo decoramos?

1. Hacer etiquetas con los nombres
2. Colgar serpentinas
3. Poner carteles de bienvenida en la puerta
4. Colgar globos

A los abuelos tal vez les gustarían las etiquetas con sus nombres.

Paso 4 Decir qué pasaría con cada opción.

Paso 5 Tomar una decisión. La clase de Kay podía elegir dos maneras de decorar. Hicieron una votación. La mayoría de los niños votaron a favor de los carteles de bienvenida y los globos. ¡No veían la hora de empezar a decorar!

Bienvenidos, abuelos

Bienvenidos a nuestra clase

¡Inténtalo!

1. ¿Por qué la clase de Kay tuvo que tomar una decisión?

2. Si estuvieras en la clase de Kay, ¿por cuáles opciones hubieras votado?

3. **Por tu cuenta** Explica o escribe sobre una decisión que tú y tu clase hayan tomado.

Así han cambiado las cosas

Aprendimos muchas cosas interesantes de los abuelos que visitaron nuestra clase. Nos hablaron de cómo ha cambiado la manera de trabajar. Aprendimos también cómo han cambiado algunas cosas en el hogar.

Yo usaba una máquina de escribir. ¡Ahora se usan las computadoras!

Yo usaba una registradora de teclas en la tienda. Ahora uso el escáner.

Mi clase hizo una tabla para mostrar cómo han cambiado las cosas. ¿Cómo te imaginas que cambiarán las cosas en el futuro?

Objeto					
Así ha cambiado					

¿Qué aprendiste?

1. Di dos maneras en que ha cambiado el trabajo.

2. ¿Cómo ha cambiado algo que haces para divertirte?

3. **Piensa y comenta** Piensa en algo que usas en casa. **Predice** cómo podría cambiar en el futuro. Haz un dibujo y escribe o habla acerca del dibujo.

Joseph Bruchac

Joseph Bruchac nació en Saratoga Springs, Nueva York.

Cuando Joseph era niño, vivía con sus abuelos. Su abuelo era un indígena abenaki.

Joseph se interesó por los cuentos que contaban los indígenas ancianos. Muchos de los cuentos hablaban de cómo nos debemos respetar unos a otros y respetar a la Tierra.

A Boy Called Slow

JOSEPH BRUCHAC
ILLUSTRATED BY
ROCCO BAVIERA

VALORES CÍVICOS

Bondad

Respeto

Responsabilidad

Justicia

Honestidad

Valentía

Hoy Joseph Bruchac es escritor. Todavía escucha los cuentos de los indígenas ancianos y los narra en muchos de sus libros y poemas. Bruchac también canta. Muchas de sus canciones son sobre los cuentos indígenas.

Joseph Bruchac respeta esos cuentos. Él piensa que debe compartirlos y que todos podemos aprender mucho de ellos.

El respeto en acción

¿Cómo muestra Joseph Bruchac que respeta los cuentos de los indígenas?

Joseph Bruchac firma uno de sus libros.

245

Inventos e inventores

Narrar cuentos y cantar son dos maneras de comunicar algo. **Comunicar** es dar y recibir información.

Un **invento** es algo nuevo. Muchos inventos han ayudado a la gente a comunicarse. La imprenta y el teléfono son dos inventos importantes que usamos para comunicarnos.

Hace ya muchos años, no había máquinas para copiar las páginas de un libro. Los libros se copiaban a mano. Esto tomaba mucho tiempo. Entonces, un inventor construyó una máquina que se llamó la imprenta. Un **inventor** es alguien que hace o inventa algo nuevo.

Johannes Gutenberg fue el inventor de la imprenta.

Con la imprenta se podían hacer muchas copias de una misma página. Entonces, los libros y los periódicos se podían hacer con más rapidez. Así, en muchos lugares del mundo la gente pudo recibir información por medio de los libros y periódicos.

La primera imprenta

Un hombre llamado Alexander Graham Bell inventó el teléfono. Con el teléfono, ya no era necesario estar con alguien en el mismo lugar para hablar entre sí. Se podía usar el teléfono para hablar con alguien que estuviera muy lejos. El teléfono cambió la manera de comunicarse.

Alexander Graham Bell

1847–1922

Alexander Graham Bell enseñaba en una escuela para sordos. Ayudó a fundar la primera compañía de teléfonos, llamada Bell Telephone Company.

Thomas Alva Edison

1847–1931

Thomas Edison creó más de 1,000 inventos. Muchos de sus inventos mejoraron los medios que usamos para comunicarnos. También inventó la bombilla eléctrica que usamos hoy en día.

Thomas Alva Edison fue un inventor famoso. Otro de sus inventos fue el fonógrafo. Por primera vez se pudieron escuchar sonidos grabados. ¿Qué usas tú para escuchar sonidos grabados?

Hoy la gente de todas partes del mundo se comunica de diferentes maneras. ¡Hasta tenemos máquinas para hablar con los astronautas cuando están en el espacio!

Un fonógrafo antiguo

¿Qué aprendiste?

1. ¿Por qué Edison y Bell son inventores tan importantes?

2. ¿Cómo cambió Alexander Graham Bell la manera en que nos comunicamos?

3. **Piensa y comenta**
   Recuerda y vuelve a contar lo que aprendiste acerca de Thomas Alva Edison.

Teléfonos

Alexander Graham Bell inventó el teléfono en 1876. ¿Cómo nos ayuda el teléfono?

Alexander Graham Bell hace la primera llamada telefónica.

El "teléfono de caja" de Bell, construido entre 1876 y 1877, tenía combinados la bocina y el auricular.

Bocina y auricular combinados

Auricular

En los primeros años, una operadora te pedía tu número y el número al que deseabas llamar. Entonces la operadora conectaba la llamada.

Los primeros alambres telefónicos eran de cobre cubierto con vidrio.

Este teléfono de pared, hecho en 1879, fue inventado por Thomas Edison.

Bocina

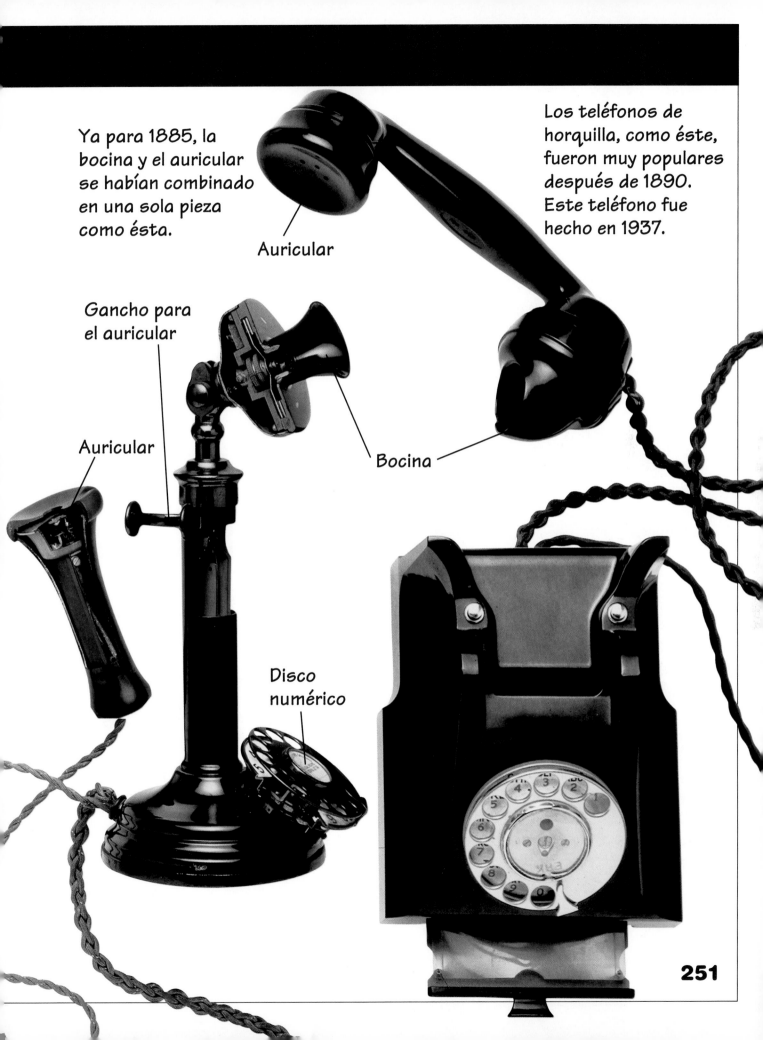

Ya para 1885, la bocina y el auricular se habían combinado en una sola pieza como ésta.

Auricular

Los teléfonos de horquilla, como éste, fueron muy populares después de 1890. Este teléfono fue hecho en 1937.

Gancho para el auricular

Auricular

Bocina

Disco numérico

251

Así han cambiado los viajes

Caballo y carreta

Bicicleta

La manera de comunicarse ha cambiado. La manera de viajar también ha cambiado. Esta línea cronológica muestra cómo ha cambiado el transporte por tierra, desde el pasado hasta el presente.

Carro antiguo Modelo T

Carro de hoy

1. ¿Cómo ha cambiado la manera de viajar por tierra?

2. Nombra otras maneras de viajar por tierra.

3. **Piensa y comenta** **Predice** cómo nos vamos a transportar en el futuro. Haz un dibujo y habla acerca de él.

Leer una gráfica de barras

Con una **gráfica de barras** puedes comparar grupos. Mira esta gráfica de barras. El título está en la parte de arriba de la gráfica. Los dibujos que están en un lado de la gráfica muestran cómo cree la clase de Kay que llegarán los niños del futuro a la escuela.

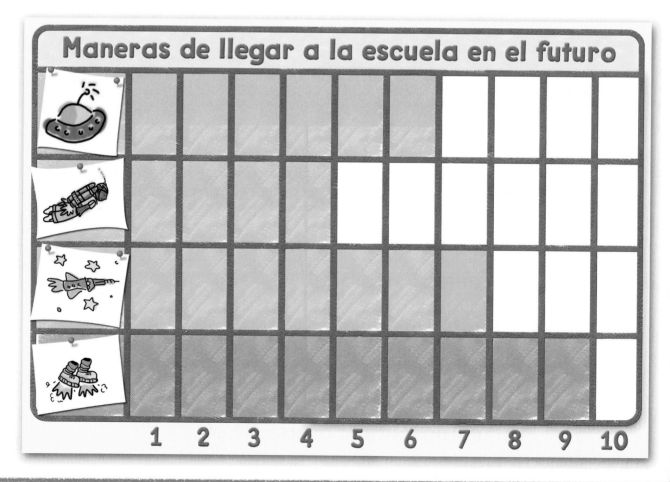

Maneras de llegar a la escuela en el futuro

1 2 3 4 5 6 7 8 9 10

Con tu dedo, sigue la barra que está al lado del cohete. Busca el número en la parte de abajo de la gráfica. El número muestra que siete niños piensan que en el futuro se viajará en cohete para ir a la escuela.

¡Inténtalo!

1. ¿Qué título tiene la gráfica de barras?

2. ¿Cómo piensa la mayoría de la clase de Kay que llegarán los niños del futuro a la escuela?

3. **Por tu cuenta** Con tus compañeros, haz una gráfica de barras que muestre las maneras favoritas de viajar de los niños de tu clase. **Predice** qué elegirá la mayoría.

Conozcamos a Mae Jemison

1956–
Doctora, científica, educadora y astronauta

Mae Jemison fue la primera mujer afroamericana que viajó al espacio.

Desde cuando Mae era niña, le gustaban las ciencias. Creció y llegó a ser doctora y científica. Mae Jemison viajó a muchos lugares del mundo. Adonde quiera que iba, ayudaba a los demás.

Mae Jemison nació en Decatur, Alabama.

Más tarde, Mae Jemison se unió al Programa Espacial de la NASA. Fue la especialista en la misión científica del transbordador espacial *Endeavour*. Ayudó a realizar muchos experimentos en el espacio. Algunos de esos experimentos buscaban averiguar qué les pasa a las personas y los animales cuando están en el espacio.

Cuando se retiró de la NASA, Mae Jemison fundó un grupo que trabaja en diferentes proyectos. El grupo inició un campamento de ciencias para niños, que se llama *The Earth We Share* ("La Tierra que compartimos"). En este campamento, niños de todo el mundo aprenden sobre ciencias.

Mae Jemison trabajando en el espacio

Piensa y comenta

Piensa en algo que te interese. Di qué trabajos relacionados con lo que te interesa podrías hacer.

Para más información, visita *Personajes de la historia* en **www.estudiossocialessf.com**.

La vida alrededor del mundo

Desde el espacio, la Dra. Jemison podía observar el mundo. El **mundo** es la Tierra y todo lo que hay en ella. Mira esta foto. Así se ve el mundo desde el espacio.

El mundo se ve diferente desde el espacio.

Desde el espacio, todas las cosas del mundo son parecidas. Cuando estás más cerca, puedes ver en qué se parecen y en qué se diferencian las personas de distintas partes del mundo. Mira estas fotos de niños de varias partes del mundo. ¿En qué se parece su vestuario al vestuario que tú usas? ¿En qué se diferencia?

Me llamo Mónika. Vivo en Hungría.

Me llamo Carlitos. Vivo en la Argentina.

Me llamo Esta. Vivo en Tanzania.

Me llamo Daisuke. Vivo en el Japón.

Las comidas y las viviendas se parecen en cierta forma. Pero también son diferentes. La tabla muestra diferentes comidas y viviendas de distintas partes del mundo.

Niño	Mónika Hungría
Comida favorita	Sopa de carne y verduras
Vivienda	

260

del mundo

Carlitos — Argentina

Esta — Tanzania

Daisuke — Japón

Chorizo

Frijoles

Pastel de arroz envuelto en algas marinas

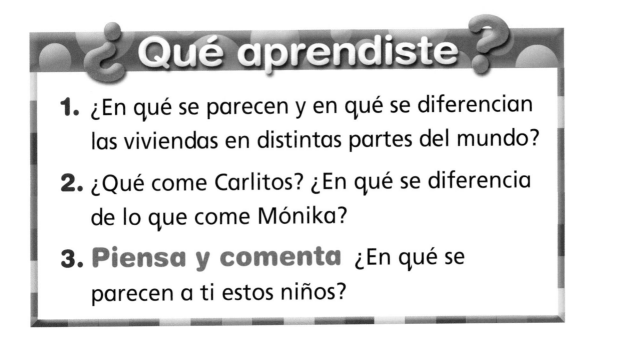

¿Qué aprendiste?

1. ¿En qué se parecen y en qué se diferencian las viviendas en distintas partes del mundo?

2. ¿Qué come Carlitos? ¿En qué se diferencia de lo que come Mónika?

3. **Piensa y comenta** ¿En qué se parecen a ti estos niños?

Conozcamos a Laurence Yep

1948–
Escritor

Muchos de los libros de Laurence Yep hablan de los chinoamericanos.

Laurence Yep es chinoamericano. Creció en California. Fue a la escuela en una parte de San Francisco llamada Chinatown. Muchos niños de su escuela hablaban chino. Laurence hablaba inglés.

Más adelante, Laurence Yep comenzó a escribir libros. Se interesó mucho por el modo de vida de los chinoamericanos. Muchos de sus cuentos suceden en lugares chinoamericanos, como Chinatown.

Laurence Yep escribe libros para niños y jóvenes. Sus libros han ganado muchos premios. Dos de sus libros, *Dragonwings* ("Alas de dragón") y *Dragon's Gate* ("La puerta del dragón"), han ganado la Medalla Newbery, que es un premio muy importante.

Laurence Yep nació en San Francisco, California.

La Medalla Newbery

Piensa y comenta

¿Qué aprendemos al leer acerca de personas de diferentes lugares del mundo?

Para más información, visita *Personajes de la historia* en **www.estudiossocialessf.com.**

Es hora de marcharse

Las personas de las diferentes partes del mundo se parecen y se diferencian de muchas maneras.

Good-bye

Estados Unidos

Adiós

Bolivia

AMÉRICA DEL NORTE

OCÉANO ATLÁNTICO

OCÉANO PACÍFICO

AMÉRICA DEL SUR

Adeus

Brasil

Au revoir

Francia

264

En cada país existen expresiones para despedirse.

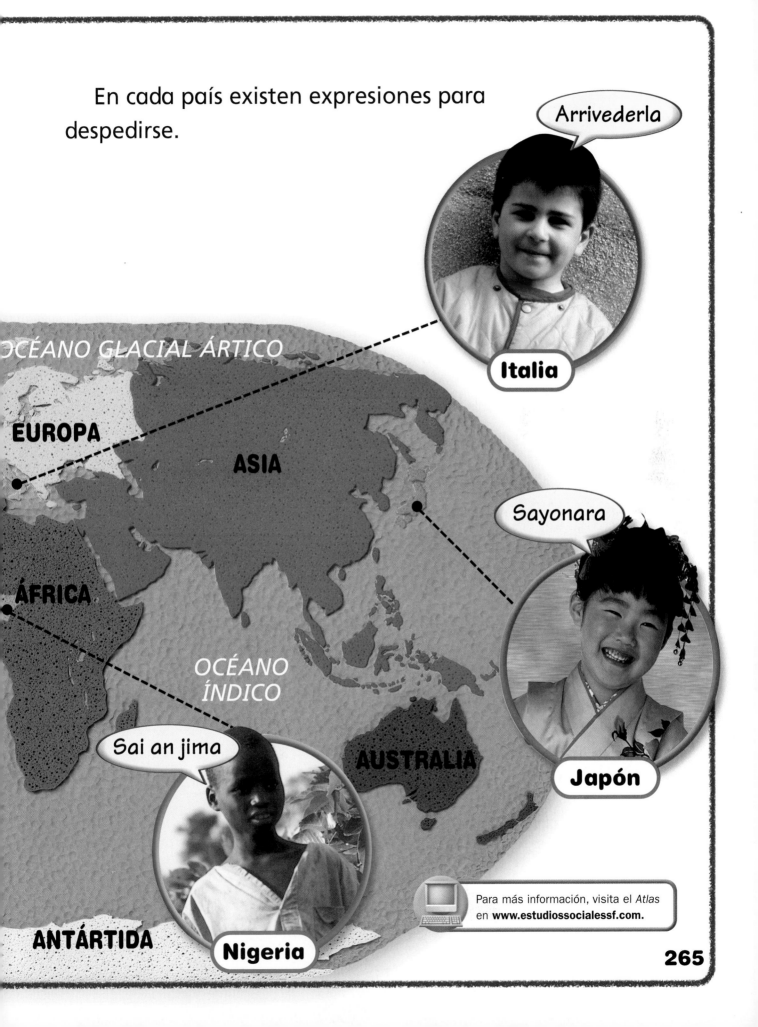

Arrivederla

Italia

Sayonara

Japón

Sai an jima

Nigeria

OCÉANO GLACIAL ÁRTICO

EUROPA

ASIA

ÁFRICA

OCÉANO ÍNDICO

AUSTRALIA

ANTÁRTIDA

Para más información, visita el *Atlas* en **www.estudiossocialessf.com.**

La pequeña hija del granjero
Adaptación de una fábula de Esopo

Un día, la pequeña hija de un granjero fue a ordeñar una vaca. Mientras estaba ordeñando, se puso a pensar: "Quiero ropa nueva".

La niña llevaba el balde de leche sobre la cabeza mientras caminaba hacia su casa. Siguió pensando. Primero, tendría que batir la leche para hacer mantequilla. Después, la vendería en el mercado. Con el dinero de la venta de la mantequilla, compraría huevos.

Luego, tendría que alimentar a los pollitos que salieran de los huevos. Más tarde, vendería los pollitos en el mercado. ¡Al fin podría comprarse ropa nueva!

La niña quería hacerlo todo de una vez, así que empezó a correr. De pronto, el balde de leche se resbaló y se le cayó de la cabeza. ¡Toda la leche se derramó!

Moraleja: A veces, cuando te apuras, lo único que consigues es quedarte atrás.

Repaso

Repaso del vocabulario

mundo
inventor
mercado

Di qué palabra completa cada oración.

1. Thomas Edison fue un _____ famoso.

2. El lugar donde se compran mercancías se llama _____.

3. La Tierra y todo lo que hay en ella se llama _____.

★ ★ ★ ★ ★ ★ ★ ★ ★

LISTOS para los EXÁMENES

¿Qué palabra completa cada oración?

1. Dar y recibir información es _____.

   a. mercado   **b.** inventor
   c. comunicar   **d.** mundo

2. El teléfono fue un _____ importante.

   a. inventor   **b.** invento
   c. mercado   **d.** mundo

Repaso de las destrezas

Predecir

Haz una votación en tu clase por la mascota favorita. **Predice** qué mascota obtendrá la mayoría de los votos.

★ ★ ★ ★ ★ ★ ★ ★ ★

Tomar decisiones

Imagínate que tu clase tiene que decidir adónde van a ir de excursión. ¿Cómo lo decidirían? Usa los pasos que aparecen abajo para tomar la decisión. Haz un dibujo para ilustrar cada paso.

1. Decir qué decisión hay que tomar.

2. Reunir información.

3. Hacer una lista de las opciones.

4. Decir qué pasaría con cada opción.

5. Tomar una decisión.

Repaso de las destrezas

Leer una gráfica de barras

Kay pidió a sus amigos que dijeran cuál es su color favorito. Lee la gráfica de barras para responder las preguntas.

1. ¿A cuántos amigos les preguntó Kay?

2. ¿Cuál color es el favorito de la mayoría?

3. ¿Qué color les gustó a tres personas?

Destrezas por tu cuenta

Haz una gráfica de barras que muestre cómo tú y algunos de tus amigos llegan a la escuela. Pregunta a tus amigos cómo llegan ellos. Escribe en la izquierda las maneras de llegar. Escribe los números en la parte de abajo de la gráfica. Completa las barras para mostrar cuántas personas llegan de cada manera.

¿Qué aprendiste?

1. ¿Qué mercancías y servicios hay en un mercado?

2. Nombra dos inventores que cambiaron la manera de comunicarse.

3. Di tres maneras en que las personas pueden parecerse y diferenciarse.

4. **Escribe y comenta** Escribe cómo ha cambiado algo que se usa en las casas.

En los exámenes

¿Está tu respuesta completa y correcta?

Lee acerca de nuestro mundo

Busca libros como éstos en la biblioteca.

Discovery CHANNEL SCHOOL

El mundo del futuro

Inventa una máquina del futuro.

1 **Piensa** en una máquina que las personas pudieran usar en el futuro.

2 **Construye** un modelo de esa máquina.

3 **Crea** un anuncio publicitario. Di por qué la gente debería usar esa máquina.

4 **Pregúntales** a tus compañeros si usarían esa máquina, y por qué sí o por qué no.

Actividad en la Internet

Visita www.estudiossocialessf.com/actividades para aprender más sobre los inventos.

Contenido

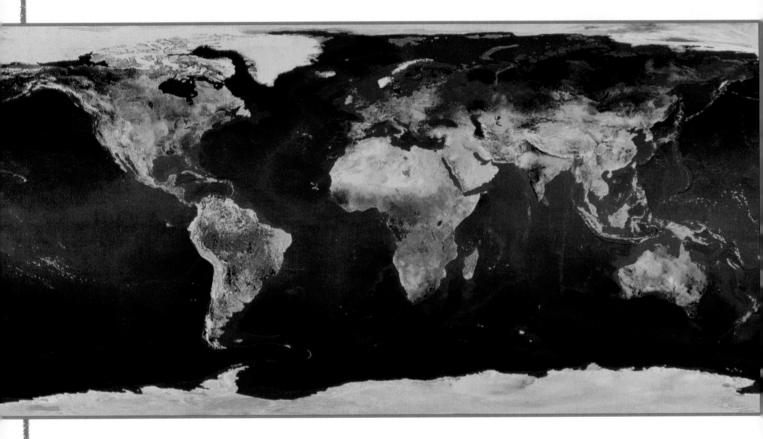

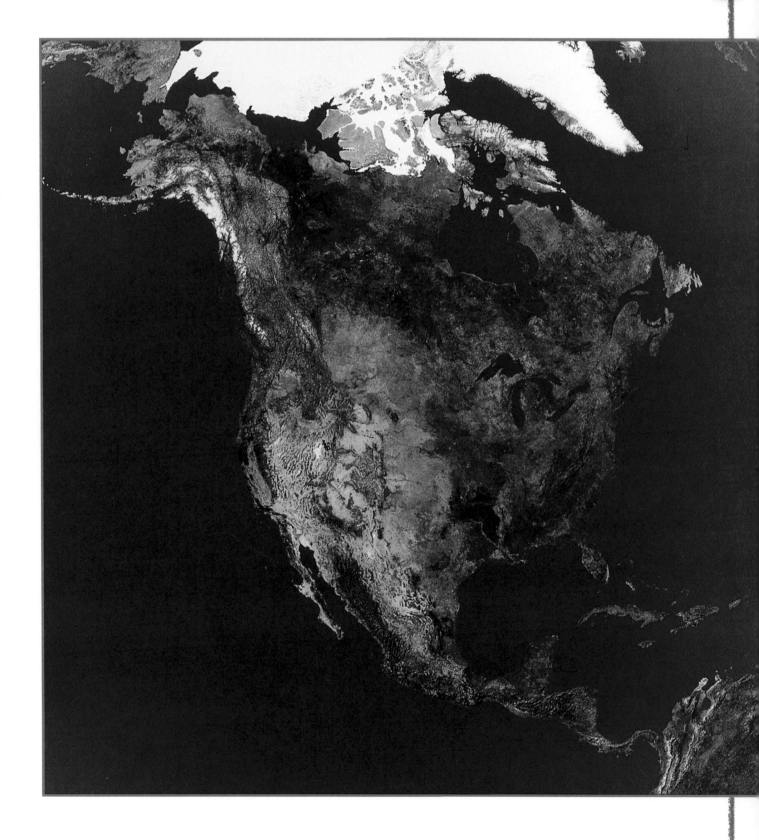

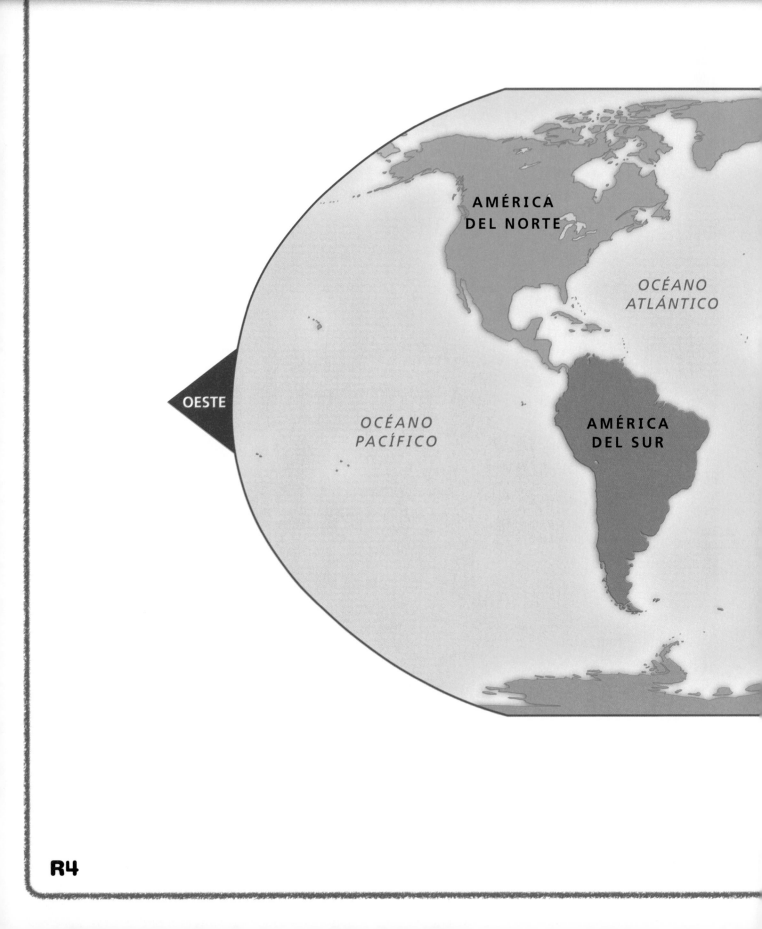

OESTE

AMÉRICA
DEL NORTE

OCÉANO
ATLÁNTICO

OCÉANO
PACÍFICO

AMÉRICA
DEL SUR

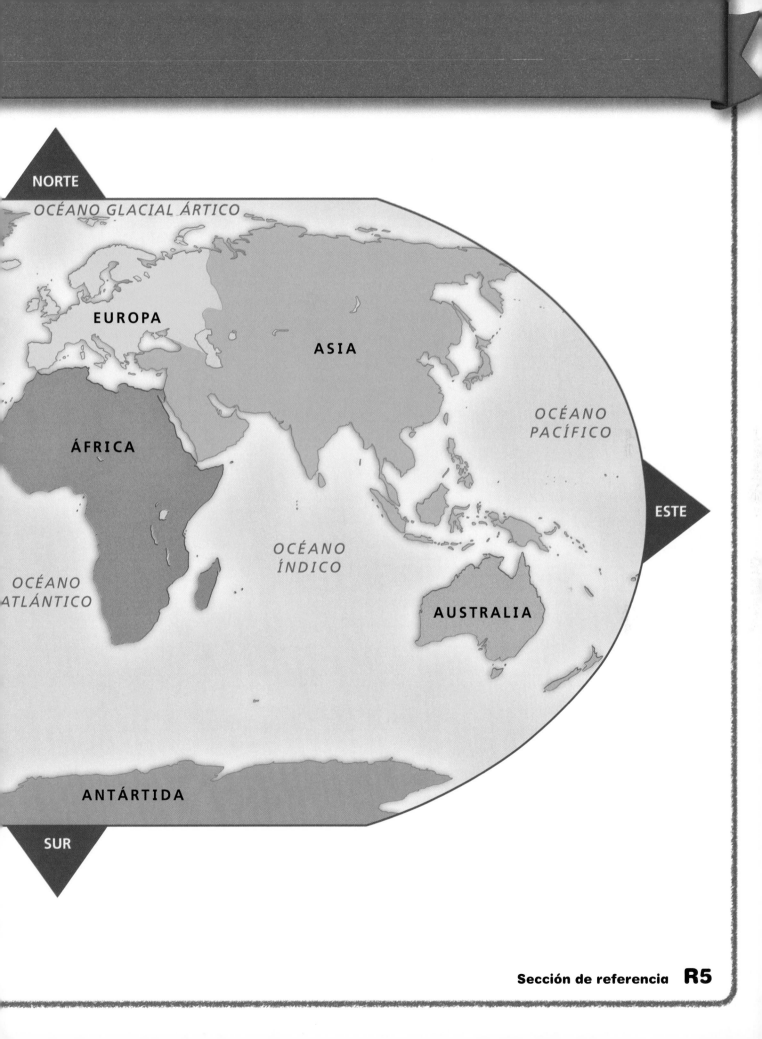

NORTE

OCÉANO GLACIAL ÁRTICO

EUROPA

ASIA

ÁFRICA

OCÉANO
PACÍFICO

OCÉANO
ATLÁNTICO

OCÉANO
ÍNDICO

ESTE

AUSTRALIA

ANTÁRTIDA

SUR

Atlas

Mapa de los Estados Unidos de América

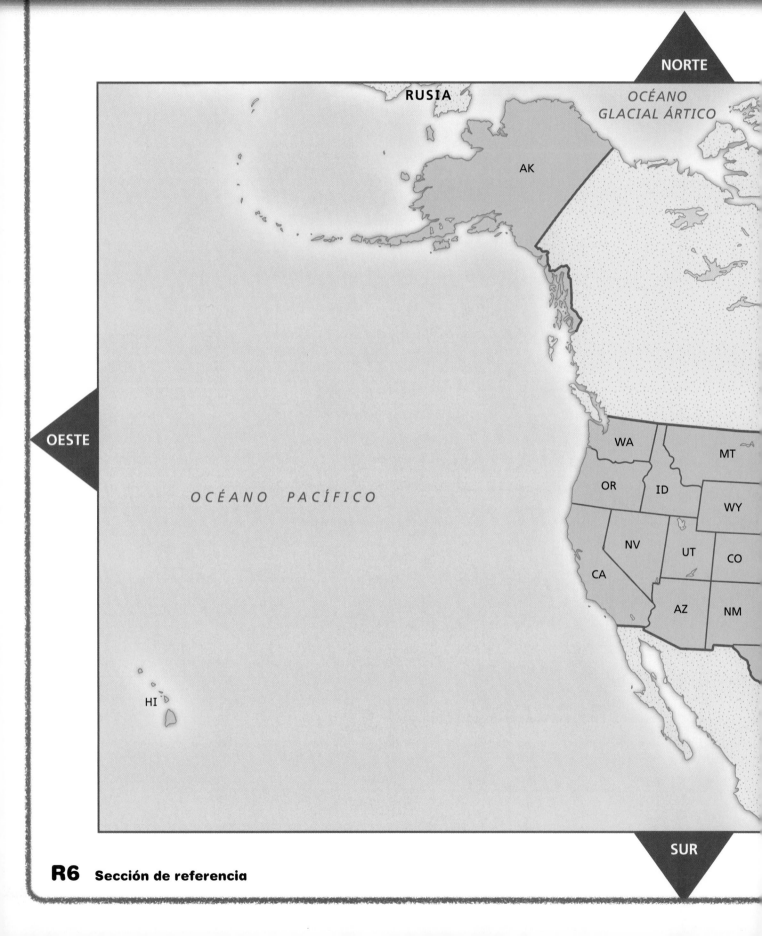

NORTE

RUSIA

OCÉANO GLACIAL ÁRTICO

AK

OESTE

OCÉANO PACÍFICO

WA

MT

OR

ID

WY

NV

UT

CO

CA

AZ

NM

HI

SUR

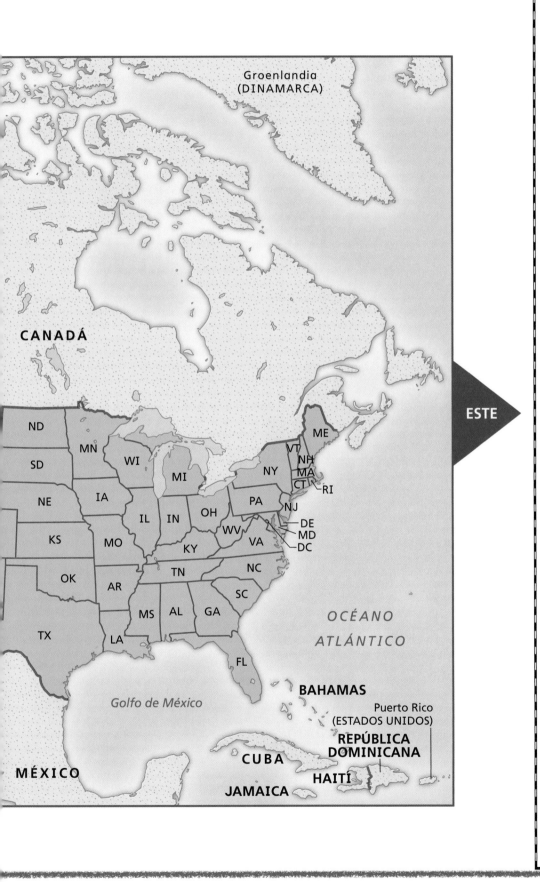

Groenlandia
(DINAMARCA)

CANADÁ

ESTE

ND

MN

SD

WI

MI

ME

VT
NH

NY

MA

CT

RI

NE

IA

PA

NJ

IL

IN

OH

DE

KS

MO

WV

MD

DC

KY

VA

OK

TN

NC

AR

SC

TX

MS

AL

GA

LA

FL

OCÉANO
ATLÁNTICO

MÉXICO

Golfo de México

BAHAMAS

Puerto Rico
(ESTADOS UNIDOS)

CUBA

REPÚBLICA
DOMINICANA

HAITÍ

JAMAICA

Estado o área	Abreviatura
Alabama	AL
Alaska	AK
Arizona	AZ
Arkansas	AR
California	CA
Carolina del Norte	NC
Carolina del Sur	SC
Colorado	CO
Connecticut	CT
Dakota del Norte	ND
Dakota del Sur	SD
Delaware	DE
Distrito de Columbia	DC
Florida	FL
Georgia	GA
Hawai	HI
Idaho	ID
Illinois	IL
Indiana	IN
Iowa	IA
Kansas	KS
Kentucky	KY
Luisiana	LA
Maine	ME
Maryland	MD
Massachusetts	MA
Michigan	MI
Minnesota	MN
Mississippi	MS
Missouri	MO
Montana	MT
Nebraska	NE
Nevada	NV
New Hampshire	NH
Nueva Jersey	NJ
Nueva York	NY
Nuevo México	NM
Ohio	OH
Oklahoma	OK
Oregón	OR
Pennsylvania	PA
Rhode Island	RI
Tennessee	TN
Texas	TX
Utah	UT
Vermont	VT
Virginia	VA
Virginia Occidental	WV
Washington	WA
Wisconsin	WI
Wyoming	WY

Atlas
Mapa de nuestros cincuenta estados

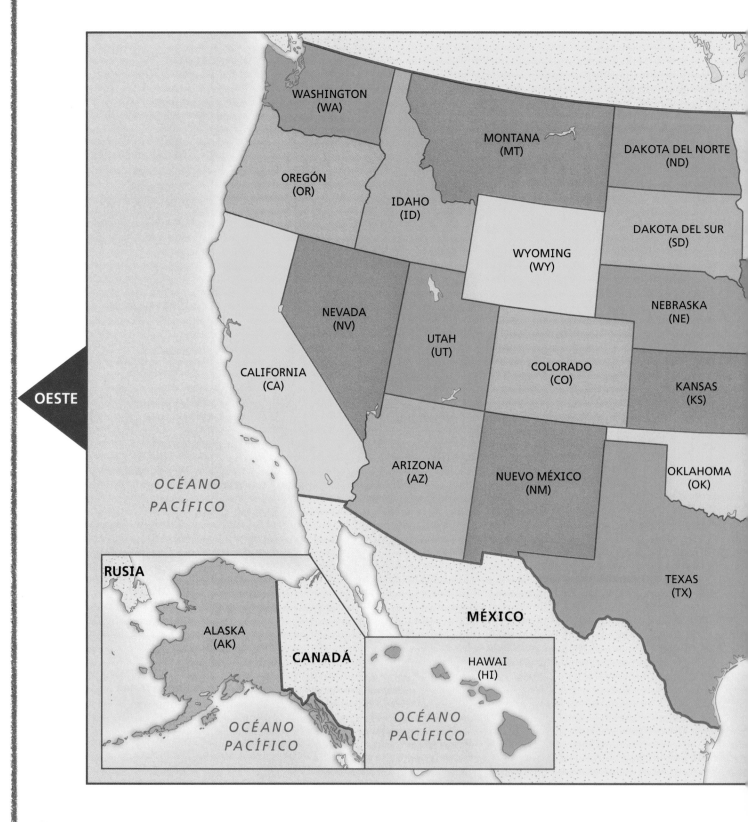

OESTE

WASHINGTON
(WA)

OREGÓN
(OR)

IDAHO
(ID)

MONTANA
(MT)

DAKOTA DEL NORTE
(ND)

DAKOTA DEL SUR
(SD)

WYOMING
(WY)

NEBRASKA
(NE)

NEVADA
(NV)

UTAH
(UT)

COLORADO
(CO)

KANSAS
(KS)

CALIFORNIA
(CA)

OCÉANO
PACÍFICO

ARIZONA
(AZ)

NUEVO MÉXICO
(NM)

OKLAHOMA
(OK)

TEXAS
(TX)

RUSIA

ALASKA
(AK)

CANADÁ

MÉXICO

HAWAI
(HI)

OCÉANO
PACÍFICO

OCÉANO
PACÍFICO

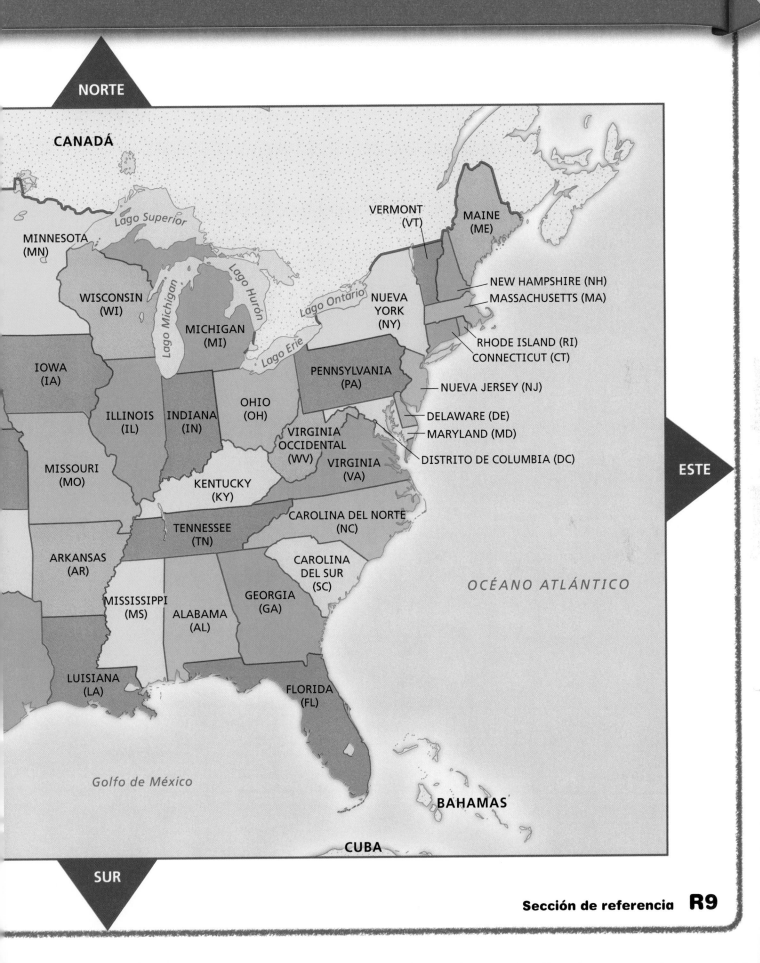

NORTE

CANADÁ

MINNESOTA (MN)

Lago Superior

WISCONSIN (WI)

Lago Michigan

Lago Hurón

MICHIGAN (MI)

Lago Ontario

Lago Erie

VERMONT (VT)

MAINE (ME)

NEW HAMPSHIRE (NH)

MASSACHUSETTS (MA)

NUEVA YORK (NY)

RHODE ISLAND (RI)

CONNECTICUT (CT)

IOWA (IA)

ILLINOIS (IL)

INDIANA (IN)

OHIO (OH)

PENNSYLVANIA (PA)

NUEVA JERSEY (NJ)

DELAWARE (DE)

MARYLAND (MD)

VIRGINIA OCCIDENTAL (WV)

VIRGINIA (VA)

DISTRITO DE COLUMBIA (DC)

MISSOURI (MO)

KENTUCKY (KY)

ARKANSAS (AR)

TENNESSEE (TN)

CAROLINA DEL NORTE (NC)

CAROLINA DEL SUR (SC)

OCÉANO ATLÁNTICO

MISSISSIPPI (MS)

ALABAMA (AL)

GEORGIA (GA)

LUISIANA (LA)

FLORIDA (FL)

ESTE

Golfo de México

BAHAMAS

CUBA

SUR

Términos de geografía

bosque
gran extensión de tierra
donde crecen muchos árboles

isla
formación de tierra
totalmente rodeada de agua

lago
masa de agua totalmente
o casi totalmente rodeada
de tierra

loma
extensión de tierra
redondeada, más alta que
la tierra que la rodea

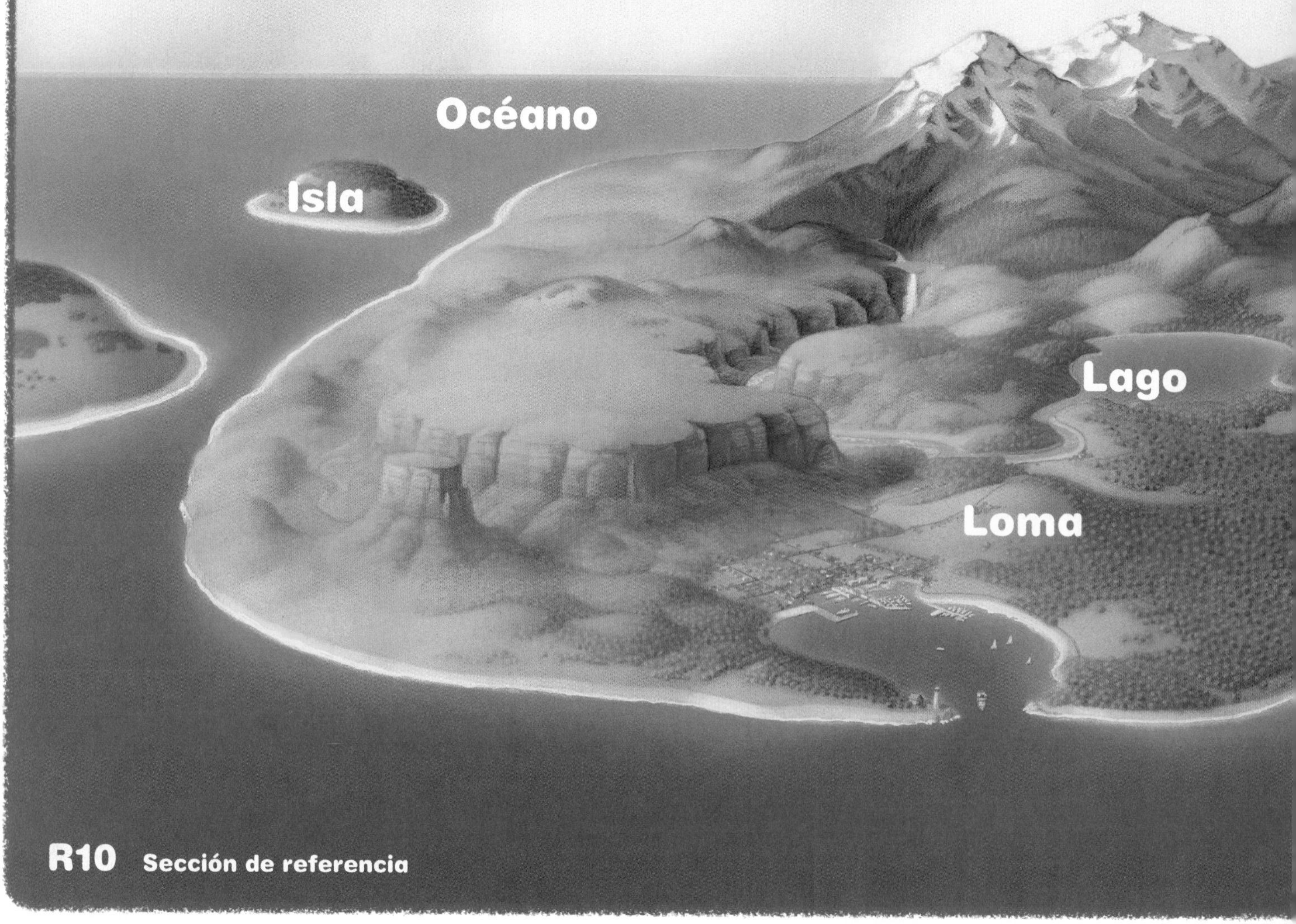

Océano

Isla

Lago

Loma

llanura
terreno muy grande y plano

montaña
la formación de tierra más
alta del planeta

océano
gran masa de agua salada

río
corriente grande de agua
que va hacia un lago, otro río
o al mar

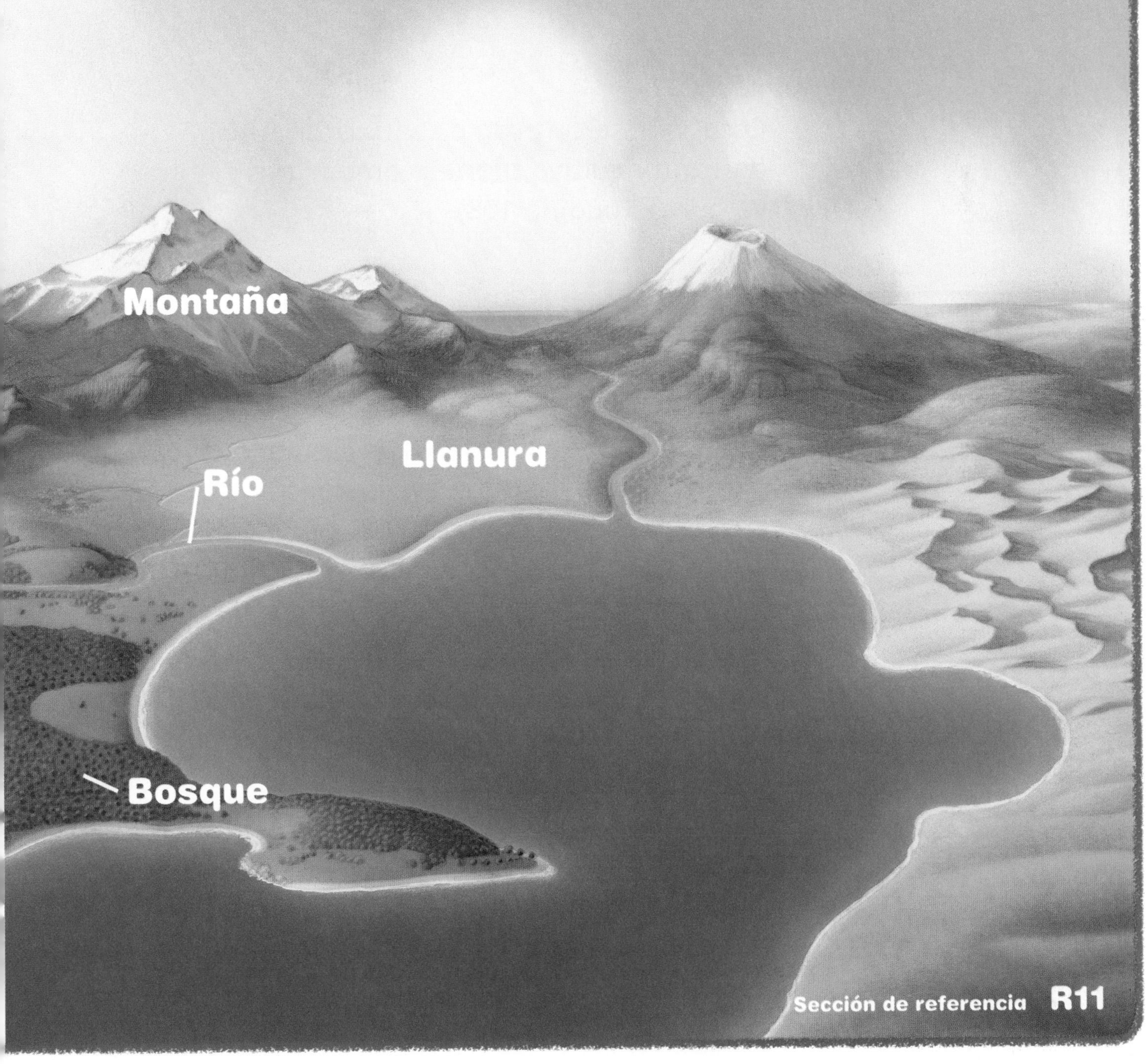

Montaña

Río

Llanura

Bosque

Glosario ilustrado

bandera
Símbolo que representa a un país. La **bandera** de los Estados Unidos es un símbolo de nuestro país. (página 16)

bienes
Cosas que se cultivan o se fabrican. Un agricultor cultiva **bienes** como frutas y verduras. (página 108)

calendario
Tabla que muestra los días, las semanas y los meses del año. Marqué el Día de los Presidentes en el **calendario.** (página 20)

capital
Ciudad donde viven y trabajan los líderes más importantes de un estado o un país. Washington, D.C., es la **capital** de los Estados Unidos. (página 220)

ciudad
Comunidad grande donde la gente vive y trabaja. Mi papá trabaja en la **ciudad.** (página 56)

ciudadano

Miembro oficial de un país, que tiene deberes y derechos. Yo soy **ciudadano** de los Estados Unidos de América. (página 218)

clave del mapa

Parte de un mapa que dice lo que representan los símbolos. Mira la **clave del mapa** para entenderlo. (página 55)

colonia

Lugar gobernado por un país que queda lejos. Virginia fue una **colonia** hace tiempo. (página 202)

comunicar

Dar y recibir información. El teléfono se usa para **comunicar** algo. (página 246)

comunidad

Un grupo de personas y el lugar donde viven. Vivo en una **comunidad** grande con muchos vecindarios. (página 56)

continente

Extensión de tierra muy grande. América del Sur es un **continente.** (página 76)

Glosario ilustrado

costumbre

Manera en que usualmente se hace algo. Mi familia tiene por **costumbre** ir al desfile del Año Nuevo Chino. (página 62)

día festivo

Día especial. El Día de la Independencia es un **día festivo.** (página 212)

D

Entrada Techo Hoyo en el techo

diagrama

Dibujo que muestra las partes de algo. Este **diagrama** muestra las partes de una vivienda indígena. (página 193)

diferentes

Que no se parecen. En mi vecindario hay muchos tipos de casas **diferentes.** (página 49)

dinero

Monedas y billetes que la gente usa para comprar bienes. El **dinero** que se usa en cada país se ve diferente. (página 104)

Mi dirección es 9 Green Street.

dirección

El lugar donde se encuentra una casa o cualquier otro edificio. Mi **dirección** es 9 Green Street. (página 50)

E

en peligro de extinción

Una planta o un animal de los cuales muy pocos quedan vivos. El gorila de montaña está **en peligro de extinción.** (página 175)

escuela

Lugar adonde vamos para aprender. Tomo un autobús para ir a la **escuela.** (página 6)

estado

Parte de un país. La Florida es un **estado** de nuestro país. (página 75)

G

globo terráqueo

Un modelo redondo de la Tierra. Un **globo terráqueo** muestra la tierra y el agua de nuestro planeta. (página 154)

gráfica de barras

Dibujo que muestra cuántos o cuánto. Esta **gráfica de barras** muestra cómo podrían los niños llegar a la escuela en el futuro. (página 254)

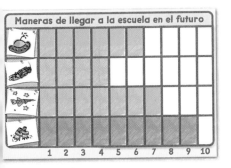

Glosario ilustrado

granja

Terreno donde se cultivan plantas y se crían animales. Mi familia cultiva maíz en nuestra **granja.** (página 118)

grupo

Un conjunto de personas, animales o cosas. Tengo un **grupo** de amigos en la escuela. (página 9)

gustos

Cosas que deseamos tener. Algunos de mis **gustos** son los juguetes y los libros. (página 101)

H

herramientas

Objetos que sirven para hacer un trabajo. Las tijeras, la regla y el lápiz son **herramientas.** (página 108)

historia

Relatos sobre personas y lugares del pasado. Me gusta leer acerca de la ropa que usaba la gente que figura en la **historia** de nuestro país. (página 164)

invento

Algo nuevo. El teléfono fue un **invento** importante. (página 246)

inventor

Alguien que hace o inventa algo nuevo. Alexander Graham Bell fue un **inventor** famoso. (página 247)

lago

Gran masa de agua totalmente o casi totalmente rodeada de tierra. Un **lago** es más pequeño que un océano. (página 152)

ley

Una regla que debemos cumplir. La **ley** dice que los carros deben detenerse donde haya una señal de alto. (página 70)

libertad

El derecho de todas las personas a decidir. Mucha gente en los Estados Unidos ondea banderas para celebrar su **libertad.** (página 198)

Glosario ilustrado

líder

Alguien que ayuda a las personas a tomar decisiones. El **líder** de una comunidad es el alcalde. (página 71)

línea cronológica

Una tabla que muestra el orden en que pasan las cosas. Esta **línea cronológica** muestra que el miércoles hará mucho viento. (página 146)

llanura

Un terreno muy grande y plano. Esta granja se encuentra en una **llanura.** (página 151)

loma

Una formación de tierra más alta que la tierra que la rodea. Subimos hasta la cima de la **loma.** (página 151)

mapa

Un dibujo de un lugar. Éste es un **mapa** del parque de mi vecindario. (página 54)

mercado

Un lugar donde se venden mercancías. Compramos frutas en el **mercado.** (página 238)

montaña

La formación de tierra más alta que existe. Esta **montaña** tiene nieve en la cima. (página 150)

mundo

La Tierra y todo lo que hay en ella. Ésta es una foto del **mundo** tomada desde el espacio. (página 258)

N

necesidades

Las cosas que debemos tener para vivir. Los alimentos son una de nuestras **necesidades.** (página 100)

O

océano

Una masa muy grande de agua salada. En el **océano** a veces hay muchas olas. (página 76)

Glosario ilustrado

P

país

La tierra donde vive un grupo de personas.
Mi **país** es los Estados Unidos de América.
(página 16)

presidente

El líder de nuestro país. El **presidente** de
los Estados Unidos toma decisiones muy
importantes. (página 215)

pueblo

Una comunidad pequeña. En nuestro **pueblo**
hay muchas tiendas pequeñas. (página 57)

puntos cardinales

Norte, sur, este y oeste. Los **puntos cardinales**
del mapa nos ayudaron a encontrar el parque.
(página 60)

R

reciclar

El proceso por el cual las cosas usadas se
pueden convertir en cosas nuevas. Yo pongo
muchas cosas en el recipiente para **reciclar** que
hay en mi casa. (página 172)

recurso natural

Algo útil que viene de la naturaleza. El agua es un **recurso natural.** (página 156)

reducir

Usar menos cantidad de una cosa. Estoy tratando de **reducir** la cantidad de papel que uso. (página 171)

regla

Nos indica qué debemos hacer y qué no debemos hacer. Una **regla** que tenemos en la escuela es cruzar la calle con ayuda del guardia peatonal. (página 22)

reutilizar

Volver a utilizar algo. Me gusta **reutilizar** las cajas de zapatos. (página 171)

río

Una masa de agua alargada que corre hacia un lago o un océano. Viajamos por el **río** en bote. (página 153)

ruta

El camino para ir de un lugar a otro. El camión sigue una **ruta** para ir a la tienda. (página 120)

Glosario ilustrado

S

servicio

El trabajo que se hace para ayudar a los demás. Mi mamá presta un **servicio** a nuestro vecindario trabajando como bombera. (página 109)

símbolo

Un dibujo que representa algo real. Este dibujo es el **símbolo** de un árbol. (página 54)

similares

Que se parecen. Estas casas son **similares.** (página 49)

T

tabla

Una manera de mostrar algo con palabras y dibujos. Esta **tabla** muestra los trabajos que tenemos en casa. (página 98)

tiempo

El clima que hace al aire libre en un lugar y a cierta hora. El **tiempo** está tormentoso y están cayendo rayos. (página 142)

Tierra

El planeta en el que vivimos. Los niños de mi clase reciclan para cuidar la **Tierra.** (página 140)

trabajo

Actividad que hacemos para lograr algo. El **trabajo** de mi vecino es pintar casas. (página 94)

transporte

Un carro, autobús o cualquier otro medio utilizado para mover personas o bienes de un lugar a otro. El autobús escolar es el medio de **transporte** que uso para ir a la escuela. (página 124)

vecindario

Un lugar donde la gente vive, trabaja y se divierte. Me gusta el **vecindario** donde vivo. (página 52)

voluntario

Alguien que trabaja gratis. Este **voluntario** ayuda a los niños a cruzar la calle. (página 110)

voto

Una opinión que se cuenta. El presidente de los Estados Unidos es elegido por el **voto** de los ciudadanos cada cuatro años. (página 218)

Índice

Índice

Reconocimientos

Dorling Kindersley (DK) is an international publishing company specializing in the creation of high quality reference content for books, CD-ROMs, online and video. The hallmark of DK content is its unique combination of educational value and strong visual style. This combination allows DK to deliver appealing, accessible, and engaging educational content that delights children, parents and teachers around the world. Scott Foresman is delighted to have been able to use selected extracts of DK content within this Social Studies program. 66-67 from *Celebrations* by Anabel Kindersley and Barnabas Kindersley. Copyright ©1997 by Dorling Kindersley Limited. 126-127 from *Eye Openers: Trucks* edited by Jane Yorke. Copyright ©1991 by Dorling Kindersley Limited. 250-251 from *Eyewitness: Invention* by Lionel Bender. Copyright ©2000 by Dorling Kindersley Limited.

MAPS: MapQuest.com, Inc.

ILLUSTRATIONS: 4, 46 Tom Barrett 10, 11 Robert Gunn 17, 90, 138 Susan Simon 20, 32 Keith Batchelor 36 Benrei Huang 54 Donna Catanese 60, 62 Robert Krugle 78 Mitchell Heinze 80 Susan Tolonen 83 David Brion 84, 157 Steven Boswick 114 Laurie Harden 116 Eileen Mueller Neill 122 Stacey Schuett 155, 190 Amy Vangsgard 176 Richard Stergulz 200 Doug Knutson 206 Ann Barrow 208 Tony Nuccio 216 Bill & Debbie Farnsworth 224 Darryl Ligasan 227 Mark Stein 228 Rose Mary Berlin 266 Loretta Lustig 266 Karen Stormer Brooks EM1 Leland Klanderman

PHOTOGRAPHS: Every effort has been made to secure permission and provide appropriate credit for photographic material. The publisher deeply regrets any omission and pledges to correct errors called to their attention in subsequent editions. Unless otherwsie acknowledged, all photographs are the property of Scott Foresman, a division of Pearson Education.

Front Matter: H4 (TC) ©Warren Morgan/Corbis, (TL) ©Comstock Inc., (TR) ©David Roth/Getty Images, (BR) ©Comstock Inc., (BC) ©Jim Cummins/Getty Images, (BL) ©Mitch York/Getty Images H5 ©Bill Losh/Getty Images H6 (Bkgd) ©David Buffington/PhotoDisc, (B) ©Robert E. Daemmrich/Getty Images H7 ©PhotoDisc H8 (Bkgd) Frank Siteman/Index Stock Imagery, (R) ©Ken Chernus/Getty Images, (C) ©Kelly/Mooney Photography/Corbis H9 ©Denny Cody/Getty Images H10 ©Earth Imaging/Getty Images H12 ©Chad Ehlers/Getty Images **Unit 1:** 4 (T) Frank Siteman/Index Stock Imagery, (C) David Young-Wolff/PhotoEdit 5 Tom Prettyman/PhotoEdit 8 (BC) ©CMCD/PhotoDisc, (BR) Photodisc, (C) David Young-Wolff/PhotoEdit 9 (Bkgd-L) Mark E. Gibson/Visuals Unlimited 11 (L) SuperStock, (R) ©Peter McGovern/Little League Baseball Museum 12,13 Smithsonian Institution 18 (L) ©Corbis-Bettmann, (R) AP/Wide World 19 AP/Wide World 20 © Siede Preis/PhotoDisc 25 (T) Daemmrich Photography, (BR) Bob Daemmrich/Stock Boston, (BL)Getty Images 26, 27 Tony Freeman/PhotoEdit 29 (T) Popperfoto/Archive Photos, (B) Frank Siteman/Index Stock Imagery 30 (B) Jeffry W. Myers/Stock Boston, (T) ©Fox Photos/Hulton Archive/Getty Images 31 (Bkgd) ©PhotoLink/PhotoDisc 33 (T) ©Corbis-Bettmann, (B) ©Corbis 38 (TL) Frank Siteman/Index Stock Imagery, (BL) Tom Prettyman/PhotoEdit 39 (L) Laura Dwight/PhotoEdit, (BR) Michael Newman/PhotoEdit, (C) Gregg Mancuso/Stock Boston **Unit 2:** 44 Ellis Vener (C) 46 (T) Michael Newman/PhotoEdit, (TC) SuperStock, (B) Mauritius/Robertstock.com, (BC) ©Hisham F. Ibrahim/PhotoDisc 47 (B) ©A & L Sinibaldi/Getty Images 48 (BL) Daemmrich Photography, (BR) Amy C. Etra/PhotoEdit, (T) ©David Buffington/PhotoDisc 49 (BL) Felicia Martinez/PhotoEdit, (BR) Rhoda Sidney/PhotoEdit 50 (T) Daemmrich Photography 52 (B) ©Michael S. Yamashita/Corbis, (T) Michael Newman/PhotoEdit 56 SuperStock 57 (T) Michele Burgess/Stock Boston, (B) ©1997 Chuck Pefley/Stock Boston 58 The UT Institute of Texan Cultures, No. 74-1401/Courtesy of The Houston Public Library 59 Jim Olive Photography 64 ©Kevin Fleming/Corbis 66, 67 Barnabas and Anabel Kindersley/©Dorling Kindersley 68, 69 CAPAY - Coalition for Asian Pacific American Youth 70 (BL) ©David Hiller/PhotoDisc, (BR) ©Hisham F. Ibrahim/PhotoDisc, (BC) Mark C. Burnett/Stock Boston, (TR) Aneal Vohra/Unicorn Stock Photos 73 (CR) Jane Addams Memorial Collection (JAMC negs. A3.132r1s4), Department of Special Collections, The University Library, University of Illinois at Chicago 74 Ellis Vener 79 (B) Richard Cummins/Viesti Collection, Inc., (C) ©Bettman/Corbis **Unit 3:** 90 (T) ©Bob Daemmrich/Image Works 91 (TC) Spencer Ainsley/Image Works, (BC) ©R. Hutchings/PhotoEdit, (B) ©David Young-Wolff/Getty Images 102 (TL) Bridgeman Art Library International, Ltd., (BL) ©PhotoDisc, (BR) David Young-Wolff/PhotoEdit 103 (TL) ©Siede Preis/PhotoDisc, (BR) Courtesy Action Products International, Inc. 111 (L) Richard Pasley/Stock Boston, (C), (R) Michael Newman/PhotoEdit 112 Courtesy Pam Woolery 117 (T) Runk/Schoenberger/Grant Heilman Photography, (C) Grant Heilman/Grant Heilman Photography, (B) ©David R. Frazier Photolibrary 118 (T) ©David R. Frazier Photolibrary, (C) Grant Heilman/Grant Heilman Photography, (B) Larry Lefever/Grant Heilman Photography 123 (L) Inga Spence/Index Stock Imagery, (R) Hulton Archive/Getty Images 124 (TL), (CL) ©Corbis, (BL) ©PhotoDisc, (BR) Joe Sohm/Image Works 125 (BR) ©Corbis, (B) ©David Young-Wolff/Getty Images, (T) David Young-Wolff/PhotoEdit 126 (C) ©Dorling Kindersley, (B) Stephen Oliver/©Dorling Kindersley, (CL) ©Dave Hopkins 127 (T), (C) Stephen Oliver/©Dorling Kindersley, (TR), (CL), (BR) ©Dave Hopkins **Unit 4:** 136,137 (Bkgd) Lee Rentz/Bruce Coleman Inc. 138 (T) Kent Wood/Photo Researchers, Inc., (C) ©Wolfgang Kaehler, (B) Georg Gerster/Photo Researchers, Inc. 139 (B) Andy Levin/Photo Researchers, Inc., (T) Charlie Ott/Photo Researchers, Inc., (TC) ©Pat O'Hara/Corbis, (BC) ©Robert Glusic/PhotoDisc 141 (C) Bridgeman Art Library International, Ltd., (TR), (BL) Hemera Studio 142 (Bkgd) ©Randy Wells/Getty Images 143 (RBkgd) ©Nick Daly/Getty Images, (LBkgd) ©1989 Joseph Nettis/Stock Boston 148, 149 Smithsonian Institution 150 Lee Rentz/Bruce Coleman Inc. 151 (T) ©Josef Beck/Getty Images, (B) Georg Gerster/Photo Researchers, Inc. 152 (T) ©George Lepp/Corbis, (B) Wolfgang Kaehler 153 Myrleen Ferguson Cate/PhotoEdit 156 Michael Gadomski/Animals Animals/Earth Scenes 158 ©Emma Lee/PhotoDisc 159 (T) ©Siede Preis/PhotoDisc 160, 161 Courtesy Tree Musketeers 163 (T) Courtesy Elvia E. Niebla, Ph.D., (B) ©Siede Preis/PhotoDisc 164 www.Living History Farms.org 166 (L) Culver Pictures Inc., (C) Living History Farms, (BR) Michael Gadomski/Animals Animals/Earth Scenes, (Bkgd) ©F. Schussler/PhotoLink/PhotoDisc 169 (B) Obverse ©1999 U.S. Mint. All Rights Reserved. Used with Permission./United States Mint, (T) ©Bettmann/Corbis 174 (T) Tom McHugh/Photo Researchers, Inc., (B) Phillip Colla Photography 175 (T) Lynn M. Stone/Bruce Coleman Inc., (C) E. Hanumantha Rao/Photo Researchers, Inc., (B) ©Joe McDonald/Corbis **Unit 5:** 186 (B) ©Museum of the City of New York/Corbis, (BC) ©Joseph Sohm; ChromoSohm Inc./Corbis, (T) ©David & Peter Turnley/Corbis 187 (C)

Bob Daemmrich/Daemmrich Photography, (B) Jeff Greenberg/PhotoEdit 189 (L) ©Corbis, (R) Marilyn "Angel" Wynn/Nativestock 191 Chuck Place/Stock Boston 192 ©Corbis-Bettmann 193 American Museum of Natural History/©Dorling Kindersley 194, 195 Smithsonian Institution 197 The Granger Collection, New York 198 (T) The Granger Collection, New York 199 ©Bettmann/Corbis 202 ©Francis G. Mayer/Corbis 203 The Granger Collection, New York 204 (C) ©Bettmann/Corbis, (BL) ©Lee Snider/Corbis 205 Stock Montage Inc. 207 (T) ©Bettmann Archive/Corbis, (B) Courtesy of the Historical and Interpretive Collections of the Franklin Institute 208 (R) ©Gail Mooney/Corbis, (BL) ©Bill Ross/Corbis 209 (BL) ©W. Perry Conway/Corbis, (CR) ©Sandy Felsenthal/Corbis, (T) ©David Muench/Corbis, (BR) Obverse ©U.S. Mint 211 (T) ©Bob Rowan/Progressive Image/Corbis 212 AP/Wide World 213 (TC) AP/Wide World, (B) Rhoda Sidney/PhotoEdit, (TR) ©Bettmann Archive/Corbis, (TL) ©Benn/Corbis, (CR) ©2000 USPS 214 ©Flip Schulke/Corbis 215 (CR) Stock Montage Inc., (T) ©Museum of the City of New York/Corbis 217 (B) ©Morton Beebe/Corbis, (T) ©Corbis-Bettmann 218 David Young-Wolff/PhotoEdit 220 (L) Mark Burnett/Stock Boston, (R) ©Cathlyn Melloan/Getty Images 221 The Granger Collection, New York 222 (R) Courtesy of FDR Library, Hyde Park, NY, (L) AP/Wide World 226 (TL) Library of Congress, (TR) Jeff Greenberg/PhotoEdit, (BL) David Young-Wolff/PhotoEdit, (BR) AP/Wide World **Unit 6:** 231 (Bkgd) ©Joseph Sohm; ChromoSohm Inc/Corbis 232 (Bkgd) ©Lawrence Manning/Corbis 233 (T) ©Adrain Carroll/Corbis 234 (C) SuperStock, (T) Gary Retherford/Photo Researchers, Inc. 235 (B) ©PhotoDisc, (T) © Getty Images 239 (C) ©David Young-Wolff/Stone 243 (TL) National Museum of Dentistry, Baltimore, MD, (TCR) SuperStock, (TCL) ©Schenectady Museum; Hall of Electrical History Foundation/Corbis, (TR) ©C Squared Studios/PhotoDisc, (BCL) ©Chase Swift/Corbis, (TC) ©Bettmann/Corbis, (BCR) ©C Squared Studios/PhotoDisc, (BC) ©David Young-Wolff/Getty Images 245 Courtesy of Fulcrum Publishing 247 (BR) Photo Researchers, Inc., (T) The Granger Collection, New York, (BL) North Wind Picture Archives 248 (R) Library of Congress, (L) SuperStock 249 ©Corbis-Bettmann 250 (TL) Ann Ronan Picture Library, (TC), (R), (BL), (BC) Science Museum/©Dorling Kindersley, (CL) Mary Evans Picture Library 251 Science Museum/©Dorling Kindersley 252 (L) North Wind Picture Archives, (R) The Granger Collection, New York 253 (B) ©Hulton Archive/Getty Images, (R) ©Kim Sayer/Corbis 257 (CR) NASA 258 (BC) ©PhotoDisc 259 Barnabas and Anabel Kindersley/©Dorling Kindersley 260, 261 Anabel and Barnabas Kindersley/©Dorling Kindersley 263 The Newbery Medal was named for eighteenth-century British bookseller John Newbery. It is awarded annually by the Association for Library Service to Children, a division of the American Library Association. Permission has been granted/American Library Association 264 (C), (BR) Barnabas and Anabel Kindersley/©Dorling Kindersley, (BL) ©Will & Deni Mcintyre /Photo Researchers, Inc. 265 (C) Barnabas and Anabel Kindersley/©Dorling Kindersley, (B) ©Jason Lauré, (T) ©Todd Gipstein/Corbis **End Matter:** R12 Rhoda Sidney/PhotoEdit R13 (B), (BC) SuperStock, (T) Jeff Greenberg/PhotoEdit, (C) Jim Olive Photography R14 (T) ©Kevin Fleming/Corbis, (C) American Museum of Natural History/©Dorling Kindersley, (BR) Amy C. Etra/PhotoEdit, (BL) ©David Buffington/PhotoDisc R15 (C) ©1997 Chuck Pefley/Stock Boston, (B) ©David & Peter Turnley/Corbis, (T) ©Earth Imaging/Stone, (TC) ©Joe McDonald/Corbis R16 (C) David Young-Wolff/PhotoEdit, (BC) ©Josef Beck/Getty Images, (B) Andy Levin/Photo Researchers, Inc. R17 (T) ©Joseph Sohm; ChromoSohm Inc./Corbis, (C) ©Getty Images, (B) Charlie Ott/Photo Researchers, Inc., (BC) ©Bob Daemmrich/Image Works R18 (T) ©Hisham F. Ibrahim/PhotoDisc, (B) Gary Retherford/Photo Researchers, Inc., (TC) Mauritius/Robertstock.com R19 (BC) Michael Newman/PhotoEdit, (TC) ©Wolfgang Kaehler, (C) ©Pat O'Hara/Corbis, (B) ©A & L Sinibaldi/Stone R20 (T) Georg Gerster/Photo Researchers, Inc., (TC) ©Museum of the City of New York/Corbis R21 (B) Spencer Ainsley/Image Works, (C) Tom Prettyman/PhotoEdit, (BC) Frank Siteman/Index Stock Imagery, (T) ©Pat O'Hara/Corbis R22 (BC) Michele Burgess/Stock Boston, (B) ©David Young-Wolff/Getty Images R23 (TC) Bob Daemmrich/Daemmrich Photography, (BC) Kent Wood/Photo Researchers, Inc., (T) ©R. Hutchings/PhotoEdit, (B) ©PhotoDisc